우리 반에 자폐 학생이 있다면

우리 반에
자폐 학생이
있다면

엘렌 노트봄 지음 | 허성심 옮김

한문화

일러두기 ───

자폐인과 비자폐인 사이에 사용하는 어휘와 언어 용법은 지난 수십 년에 걸쳐 발달해 왔고, 지식의 차이, 문화적 차이, 개인의 선호를 반영해 앞으로도 계속 발달할 것이다. 어느 한 가지 방식이 모든 것을 대표할 수는 없다. 이 책에서는 자폐, 자폐증, 자폐 스펙트럼 장애라는 용어를 혼용하고, 자폐아, 자폐 학생, 자폐가 있는 학생, 자폐 스펙트럼 장애 학생을 혼용한다. 또한 모든 성별 선호를 인정하므로, 한쪽 성별을 나타내는 용어가 아닌 아동이나 학생이라는 용어를 사용한다.

이 책에서 얻을 수 있는 매우 중요한 메시지가 두 가지 있다. 교사와 부모가 한 팀으로 협력해야 한다는 것과 자폐 학생의 사고방식이 다른 이들과 다르다는 점을 이해해야 한다는 것이다. 이 책은 교사와 부모가 자폐 아동을 가르치기 위한 가장 효과적인 방법을 배울 수 있게 도울 것이다.

> － **템플 그랜딘**Temple Grandin **박사**,《내가 세상을 보는 방식(The Way I See It)》,《나는 그림으로 생각한다(Thinking in Pictures)》저자

자폐 스펙트럼 장애를 둘러싼 단단한 편견의 껍데기를 깨고, 자폐 학생을 진심으로 이해할 수 있게 돕는 책을 만날 수 있어 기쁘다. 이 책은 우리가 자폐 학생을 가르칠 때 간과하기 쉬운 '아이의 속마음'을 엿볼 수 있게 한다. 교육자라면 꼭 읽어야 할 멋진 책이다.

> － **실라 바그너**Sheila Wagner, 교육학 석사,《자폐가 있는 초·중·고등학생을 위한 통합 프로그램(Inclusive Programming for Elementary, Middle School and High School Students with Autism)》저자

이 책은 자폐 학생을 가르치는 교사나 부모에게 꼭 필요한 접근법을 보여준다. 자폐 학생을 위한 교육 프로그램에서 가장 중요한 것은 다른 무엇도 아닌 '학생 개인의 특성'이다. 학생에게서 독특한 장점을 찾는 것에서부터 시작한다면 분명 변화는 일어날 수 있다. 판에 박힌 방식이나 특정 치료법에 의존하는 대신, 자폐 학생들이 배우는 방식 자체가 다르므로 우리가 가르치는 방식도 달라져야 한다는 점에 집중하자. 이 책이 그 방법을 제시할 것이다. 배우기 위해 '아이가 먼저 변화해야 한다'는 주장은 자폐 학생을 맡은 교사의 역할과 영향력을 간과한 말

이다. 자폐 학생의 행동에 늘 소통하려는 의도가 있다는 것, 아이에게 무엇이든 잘 해낼 잠재력이 있다는 것, 아이와의 관계에서 신뢰와 호기심과 존중이 가장 중요하다는 것을 이해한다면 우리는 낡고 지겨운 틀을 부수고 아이의 타고난 개성이 빛나도록 도울 수 있을 것이다. 교사와 부모는 물론 아이 주변의 모든 어른에게 꼭 필요한 책이다.

> — **론 멜메드**Raun D. Melmed, 의학박사, 애리조나 피닉스 사우스웨스트 자폐증연구소 공동 설립자, 《자폐증:조기 개입(Autism:Early Intervention)》, 《자폐증과 확대 가족(Autism and the Extended Family)》, 《부모를 위한 자폐증 안내서(Autism Parent Handbook)》 저자

엘렌 노트봄은 베스트셀러 《자폐 어린이가 꼭 알려주고 싶은 열 가지》를 통해 부모들을 도운 것처럼, 이번 책에서는 교사들을 위해 자폐에 대한 공감에 기반한 주옥같은 지혜를 제공한다. 자신에게 맡겨진 아이들을 공정하게 대하고 싶은 교사라면 이 책을 꼭 읽어야 한다. 저자가 제시한 상호성, 관심, 호기심, 전체성의 원리는 자신의 존재를 알리고, 세상과 연결되고, 스스로 가치 있는 존재로 느끼고, 자신이 소속될 수 있는 곳을 찾기 위해 애쓰는 모든 자폐 학생에게 큰 도움이 될 것이다. 사려 깊고 실행 가능한 조언이 담긴 이 놀라운 책은 분명 장기 베스트셀러가 될 것이며, 이 책을 안내서로 삼는 교사와 부모, 상담사가 점점 늘어날 것이다.

> — **바바라 프롭스트**Barbara Probst, 공인임상사회복지사, 《분류표에 맞지 않을 때(When Labels Don't Fit)》 저자

엘렌 노트봄의 책을 읽으면 늘 유익한 무엇인가를 배울 수 있다. 이 책도 예외가

아니다. 이 책에서 이야기하는 낙관주의, 차이의 존중, 학생에 대한 믿음이라는 근본적이고 포괄적인 주제가 너무나 마음에 든다. 우리는 자폐 학생의 독특한 학습 방식에 호기심을 가져야 하고, 자폐 학생들에게 학습 도구로서 호기심을 길러주고, 이 아이들에게 배워야 한다. 그러면 우리도 학생들이 더 잘 배울 수 있도록 도울 수 있을 것이다. 이 책에서 무엇보다 중요한 점은 자폐 학생들을 이해하고 가르치는 필수 요소로 '교사의 성취감'을 조명한다는 것이다. 저자는 개인적 경험, 여러 교사와 전문가들로부터 얻은 통찰, 작가 제니퍼 매킬위 마이어스의 생생한 경험에서 얻은 관점을 이 책에 모두 담았다. 부록으로 실은 '토론 · 자기성찰 · 자기표현을 위한 질문과 프롬프트'는 교사 독서 모임이나 교사 연수, 개인적 연구에 안성맞춤일 것이다. 자폐 학생을 염두에 두고 썼지만, 사실 이 책에서 말하는 요점들은 모든 학생에게 해당된다.

- **웬들라 윗콤 마시**Wendela Whitcomb Marsh, 국제행동분석전문가, 종교학 박사,《부모를 위한 자폐증 안내서(Autism Parent Handbook)》,《소녀와 여성의 자폐증(Recognizing Autism in Girls and Women)》,《자폐인의 독립생활:성공 로드맵(Independent Living with Autism:Your Roadmap to Success)》 저자

만일 자폐 스펙트럼 장애에 관한 책을 오직 한 권만 읽는다면 이 책을 읽어라. 그리고 이 책을 읽고 받게 될 충격에 대비하라. 엘렌 노트봄은 자녀들을 통한 직접적인 경험과 다양한 문헌 연구와 함께 타고난 밝은 에너지와 낙관주의, 깊이 있는 성찰을 우리와 공유한다. 엘렌은 자폐 학생들이 잠재력을 최대한 발휘하도록 돕기 위해 그들이 경험하는 세계를 먼저 이해해야 한다는 명백하고 중요한 진실을 이야기한다. 또한 교사, 부모 그리고 다른 어른들이 그렇게 할 수 있도

록 명확하고 즉시 사용할 수 있는 전략을 제공한다. 무엇보다도 자폐 학생의 관점이 지닌 독특한 힘을 이해하며, 우리에게 경청하는 법과 존중하는 마음을 표현하는 법, 학생의 말을 신뢰하는 태도의 가치를 보여준다. 일단 잡으면 손에서 내려놓을 수 없는 흥미진진하고 유익한 책이다.

> – **데브라 화이팅 알렉산더**Debra Whiting Alexander **박사**, 결혼 및 가족 상담치료사, 외상 후 치료전문가, 《트라우마로 변한 아이들(Children Changed by Trauma)》, 《젬마의 강(A River for Gemma)》 저자

엘렌 노트봄은 자신의 자녀가 유치원부터 대학교를 거치는 동안 얻은 경험을 바탕으로 자폐 학생을 담당하는 교사, 학생의 가족에게 필요한 지혜를 전한다. 밝고 유머러스하고 이해하기 쉽게 써서 독자들은 자폐 학생의 목소리를 듣는 법과 아이들에게 의미 있는 방식으로 소통하는 법을 어렵지 않게 배울 수 있다. 이 책은 간단명료한 요점으로 시작해서 훌륭한 안내도를 제시한 후 교사에게 유용한 필수 정보를 명확하게 설명한다. 여러 귀중한 예시를 통해 자폐 학생들의 뇌 회로 연결 방식이 다른 이들과 매우 다름을 이해하고, 그 이해를 일반화하기 위한 통찰을 제공한다. 이 책에 소개한 자폐 학생의 목소리는 자폐 스펙트럼 장애가 있는 학생들을 가르칠 때 매우 중요한 것은 물론, 모든 학생에게 도움이 될 것이다. 교사이자 학습전문가, 특수교육 담당 장학사로 보낸 나의 40년 경력을 걸고 이 책을 강력 추천한다.

> – **에일린 해리슨 산체스**Eileen Harrison Sanchez, 교육학 석사, 공인교육진단사, 학습장애전문상담가, 뉴저지 프린스턴 공립학교 학군 초중고 특수교육 담당 장학사, 《자유 교훈(Freedom Lessons)》 저자

모든 교사가 이 책을 옆에 두고 자주 참고해야 한다. 자폐 스펙트럼 장애 진단을 받은 자녀를 둔 부모라면 아이를 담당하는 교사에게 이 책을 직접 선물해도 좋을 것이다. 이 책에서 제시한 '의사소통 전략'은 아이의 인생을 바꿀 수 있을 뿐 아니라, 아이와 관련된 어른들의 삶까지 바꿀 수 있다. 교사이자 부모로서 나는 자폐 학생의 학교생활은 물론, 삶 구석구석에 미칠 영향까지 고려해서 많은 이에게 이 책을 적극 추천한다.

> **– 바비 레일리 시헌**Bobbi Reilly Sheahan, 대체 교사, 홈스쿨링 교사, 《자폐아를 키울 때 알았으면 좋았을 것들(What I Wish I'd Known about Raising a Child with Autism)》 저자

이 책은 아이들을 사랑하고, 아이들을 가르치고, 아이들을 위해 일하는 모든 이를 위한 필수 안내서다. 자폐 학생은 세상이 자신의 사고방식과 행동 방식을 이해하지 못한다고 여길 때마다 마치 시험대에 오른 것처럼 위기감을 느낀다. 자폐 학생들이 세상과 어떻게 연결되는지 이해하고, 그들의 소통방식을 기꺼이 수용하려 한다면 그들과 긍정적인 관계를 맺을 수 있다. 이 책은 자폐 학생들의 삶은 물론 그들과 상호작용하는 사람들의 삶까지 충만하게 만들고자 하는 열정에서 시작된 것이다. 바로 실행할 수 있고, 논리적이고, 유의미하고, 구체적인 방법을 찾고 있다면 이 책을 꼭 읽어야 한다.

> **– 케시에 에번스 핼핀**Kassie Evans Halpin, 교육학 석사, 특수교육 교사, 교육의 다양성·평등·통합 및 개별적 지원 옹호자

차례

일러두기 · 4

이 책을 먼저 읽은 교육 관계자들의 찬사 · 5

들어가는 글 ——— 자폐 학생의 목소리를 듣는 것이
진정한 관계 맺기의 시작이다 · 12

——————— 자폐 학생이 교사에게 알려주고 싶은 열 가지 · 25

1장 ——— **학습의 순환성 받아들이기**
우리 모두 학생이자 선생님이에요 · 36

2장 ——— **팀을 구성해야 하는 이유**
힘을 모으면 성공할 수 있어요 · 46

3장 ——— **자폐 학생의 사고 체계 이해하기**
나에게 의미 있는 방식으로 가르쳐 주세요 · 65

4장 ——— **자폐 학생의 의사소통 방식 이해하기**
나는 행동으로 의사소통해요 · 85

5장 ——— **효과적인 의사소통 방법 찾기**
소통하지 않으면 우리는 배우지 못할 거예요 · 101

6장 ———— **아이의 가능성을 인정하기**

나를 전인적 존재로 생각해 주세요 · 123

7장 ———— **호기심을 가질 수 있게 격려하기**

내게 많은 것을 질문해 주세요 · 134

8장 ———— **존중과 신뢰를 우선에 두기**

선생님을 신뢰하고 싶어요 · 144

9장 ———— **아이가 기댈 수 있는 존재가 되기**

나를 진심으로 믿어주세요 · 156

10장 ———— **물고기 잡는 법을 가르치기**

유능하고 독립적인 어른으로 자랄 것을 믿어주세요 · 171

마치는 글 ———— 이야기는 아직 끝나지 않았어요 · 181

부록ㅣ토론·자기성찰·자기표현을 위한 질문과 프롬프트 · 185

감사의 글 · 194

자폐 학생의 목소리를 듣는 것이
진정한 관계 맺기의 시작이다

2004년 봄, 나는 '자폐 어린이가 꼭 알려주고 싶은 열 가지'라는 제목의
짧은 논문을 썼다. 사실 이 논문은 오랫동안 계획해서 시작한 것이라기
보다는 즉흥적으로 쓴 것에 가깝다. 《자폐 스펙트럼 장애 아동을 가르치
고 기르기 위한 1001가지 훌륭한 생각들(1001 Great Ideas for Teaching
and Raising Children with Autism or Asperger's)》을 나와 함께 집필하고
편집까지 맡은 베로니카 지스크가 자료를 수집하던 중, 한 자폐 학생의
어머니가 교사에게 바라는 희망 사항을 적은 글을 보여줬다. 이와 비슷

한 글을 전에도 읽은 적이 있고, 교사의 관점에서 쓴 글도 보았지만, 자폐 학생의 관점에서 쓴 글은 한 번도 본 적이 없었다. 그래서 나는 베로니카에게 "자폐 학생의 입장은 누가 대변할 수 있을까요?"라고 물었다. 그러자 그녀가 대답했다. "당신이 하세요. 당신이 그런 글을 써보는 거예요."

'자폐 어린이가 꼭 알려주고 싶은 열 가지'를 쓸 때는 어떤 계시라도 받은 것처럼 머릿속에서 하고 싶은 말이 막힘없이 흘러나왔다. 이 논문에 대한 반응이 그토록 뜨거우리라고는 상상조차 하지 못했다. 내 글은 마치 들불처럼 인터넷에서 퍼져나갔고, 남극 대륙을 제외한 모든 대륙의 출판물에 실렸다. 마침내 이 글을 기반으로 책을 출판했고, 덕분에 세계 곳곳에 새로운 친구가 생겼다.

그 후로 비슷한 성격의 글을 더 써달라는 요청이 들어오기 시작했다. 그래서 나는 '자폐 어린이가 꼭 알려주고 싶은 열 가지'의 어떤 점이 다양한 집단의 사람들에게 큰 반향을 불러일으켰는지 곰곰이 생각해 보았다. 그 글은 성별, 문화, 인종, 정치, 종교, 경제 등 모든 경계선을 허문 듯했다. 독자들은 여러 문화와 공동체에서 자주 듣지 못하는, 어떤 곳에서는 전혀 들을 수 없는 자폐 어린이의 목소리를 들으며 깊은 울림을 느꼈다고 했다. 사람들이 자폐 어린이의 목소리에 귀 기울이지 못했던 것은 슬프고 안타까운 일이지만, 자폐 스펙트럼 장애의 전형적인 특징 중 하나가 효과적인 의사소통을 방해하는 장애물과 다름없다는 점을 생각하면 사실 놀라운 일도 아니다.

자폐 학생이 경험하는 세상을 이해하려는 시도는 과거에도 있었고,

지금도 그런 시도는 늘고 있다. 그래서 두 번째 논문 '자폐 학생이 교사에게 꼭 알려주고 싶은 열 가지'에서도 자폐 학생의 목소리로 교사들이 알아야 할 것들을 이야기했다. 이 논문 역시 전 세계 독자들의 손에서 손으로 전해지는 횃불이 되었다. 여러 출판 관계자가 이 논문을 꼭 책으로 내야 한다며 출판을 제안했다. 그뿐 아니라 유치원부터 대학까지 여러 교육기관에서 가족, 양육자, 행정가, 직원들을 교육하는 자료로 글을 활용하고 싶다고 연락했다. 자폐 학생의 목소리를 듣는 경험이 그들에게 다가가거나 그들을 가르치기 위한 사고 전환의 출발점이 된 것이다.

자폐 진단을 받은 아들과 함께 시작한 여정

이 책을 쓴 이유는 크게 두 가지다. 첫째, 둘째 아들 브라이스가 자폐 진단을 받은 순간 나는 비통해하거나 누군가를 탓하기보다 주어진 상황에서 최대한 생산적이고 긍정적이고 건전한 방식으로 최선을 다하기로 마음먹었다. 둘째, 당연히 부모 역할에 충실하겠다고 맹세했지만, 나는 아이에게 식사 예절과 신발 끈 매는 법 이외에도 아주 많은 것을 가르치는, 이른바 '부모 교사'가 되어야 한다는 사실을 깨달았다. 나도 아직 모르는 것들까지, 그것도 전혀 익숙하지 않은 방식으로 아이에게 가르쳐야 했다. 그러니 진정한 부모 교사가 되려면 먼저 공부하고 배우는 학생부터 되어야 했다.

　'교사'가 교육자를 의미하든, 부모나 다른 양육자를 의미하든, 교사는 모든 것이 버겁게 느껴지는 위기의 순간을 여러 번 경험한다. 자폐증에 관해 우리가 모르거나 이해하지 못하는 것이 아직 너무나 많기 때문이다. 자폐 학생이 배워야 할 것도 너무 많다. 하지만 아이가 학교에 머무는 시간은 고작 하루 여섯 시간에 불과하다. 학교에 가는 날은 1년에 겨우 175일이다. 아이가 어른이 되기까지는 15년도 채 남지 않았다.

나는 자폐 학생에 관해 배우는 학습자가 되기로 마음먹었다. 그런데 가장 먼저 배워야 할 것은 나의 속도와 이 여정의 속도를 조절하는 법이었다. 모든 것을 미리 알 수 없는 것은 물론이고, 사실 그럴 필요도 없었다. 공부하면서 배울 수 있었고, 그저 아이보다 한 걸음 앞서서 아이에게 손짓할 수 있는 거리에만 있어도 충분했다. 물론 그렇게 느린 속도조차 불가능하게 느껴질 때도 있었다. 그럴 때면 단지 아이 옆에서 같이 배울 수 있다는 사실에 만족하려 했다. 또한 내가 이 일을 혼자 할 수 없고, 또 그럴 필요도 없음을 깨달았다. 내게 가장 중요한 교사는 당연히 아들 브라이스였지만, 아이 어른 할 것 없이 주변의 모든 사람이 내게는 교사나 마찬가지였다.

아이에게 '배우고 싶은 마음'과 '세상에 대한 호기심'을 심어주는 교사는 어떤 교사일까? 우리 모두 교사를 신뢰할 수 있을 때, 자신의 노력과 생각, 행동 방식이 존중받는다고 느낄 때 배우려고 더 노력하지 않을까? 교사에게 개별적 자아로 인정받는다고 느낄 때 우리는 배움에 따르는 위험을 흔쾌히 감수할 수 있다. 우리 모두는 조바심을 내거나 무관심하거나 의심이 많거나 체념하는 교사보다는 우리를 적극적으로 신뢰하는 교사에게 더 열심히 반응할 것이다.

물론 이렇게 하기가 쉽지 않을 때도 종종 있지만, 이것은 분명히 효과적인 방법이고, 브라이스에게도 실제로 큰 효과가 있었다. 브라이스가(그리고 우리 가족이) 모든 과정에서 매우 유능하고 다정한 교사들에게 배우는 큰 혜택을 누릴 수 있었기에 이 모든 것이 가능했다. 그러나 우리가 단지 '운이 좋은 가족'이었던 것은 아니다. 주의력 결핍 과잉행동장애 진단을 받은 큰아들과 자폐 진단을 받은 작은아들 브라이스 모두에게 적합한 학교를 찾기 위해 우리 가족은 집에서 반경 40킬로미터 안에 있는 학교 수십 곳을 살펴봐야 했다. 우리는 마침내 한 곳을 찾았고, 혹독한 단계를 거쳐 두 아이를 입학시켰다. 우리가 경험한 혹독한 단계가 무엇인지보다 더 중요한 것은, 우리 가족이 형편이 허락하는 한 필요한 것은 무엇이든 마다하지 않고 시도했다는 사실이다. 이 학교의 교육공동체 문화는 분명 아이들에게 꼭 필요한 것이었다. 나는 브라이스를 담당한 여러 열정적인 교사들 옆에서 많은 것을 보고 배웠고, 그 경험이 이 책을 쓰는 동기가 되었다. 그들의 이름을 밝히든 밝히지 않든 그들의 목소리는 이 책 곳곳에서 자연스럽게 울려 퍼질 것이다.

적합한 학교 후보가 하나로 좁혀진 것은 조언을 구하려고 찾아간 이웃 학부모와 전문가 목록에서 마지막에 있던 사람을 만났을 때였다. 그는 "정말 좋은 학교예요. 아이가 3학년이 되면 재키 선생님 반에 들어가면 좋아요. 그 분은 누구보다 뛰어난 교사랍니다."라고 말했다. 신기하게도 같은 의견을 여러 번 들었던 터였다. 알고 보니 재키 드러크는 수십 년 전부터 명성이 자자한 교사였다. 브라이스는 3학년이 되자 재키 선생님 반에 배정되었다. 나는 브라이스가 허락하는 시간에만 교실에서 수업을 참관했다. 교실은 아이의 세상이었고, 아이는 엄마가 너무 자주 교실에 들어오는 것을 그리 달가워하지 않았다.

나는 아이의 의견을 존중했다. 아이의 독립심이 성장하고 있음을 보여주는 극히 정상적인 모습이라 여겼기 때문이다. 처음 교실에 들어갔을 때 나는 크게 당황했다. 엄청난 유명세를 얻고 있음에도, 재키 선생님은 매우 겸손한 사람이었다. 교실은 조용하고 잘 정돈되어 있었고, 가끔 엔야Enya(아일랜드 음악가 - 옮긴이)의 평화롭고 우아한 음악이 부드럽게 흘러나왔다. 하지만 그녀가 30년이 넘는 세월 동안 브라이스를 포함해 수많은 아이의 마음을 사로잡은 비결이 구체적으로 무엇인지는 알수 없었다. 그것은 지금도 여전히 수수께끼이다.

3학년 말에 아이들은 한 해 동안 가장 좋았던 점을 글로 써냈다. 그때거의 모든 학생이 재키 선생님을 진심으로 좋아한다는 것을 느낄 수 있었다. 그 후 얼마 지나지 않아 그녀는 은퇴했다. 원하는 사람은 누구나참석할 수 있도록 시내 공원에서 은퇴식이 열렸다. 나는 교사이자 내오랜 대학 친구인 셜리를 만나 재키 선생님에 관해 깊은 대화를 나눴다. 셜리는 재키 선생님과 아무런 관계도 없는 사이였지만, 내 질문에망설임 없이 대답했다.

"비결이 뭔지 알 것 같아. 그분에게는 틀림없이 모든 아이를 깊이 존중하는 마음이 있고, 그게 아이들에게도 전달되었을 거야. 아이들은 자기를 한 인간으로 존중하는 선생님을 위해서라면 무엇이든 기꺼이 하려고 하니까."

학기 초에 나는 재키 선생님과 인상적인 상담을 두 번 정도 했다. 첫 번째 상담에서 그녀는 브라이스를 가르치는 것이 기대된다고 했다. 자폐 학생은 몇 년 전에 딱 한 번 가르쳤는데, 그 학생은 브라이스와 매우 달랐다고 한다. 나는 살짝 미소를 지으며 35년 간 교직에 몸담았다면 한 명이 아니라 훨씬 많은 자폐 학생을 가르쳤을 거라고 조심스럽게 말했다. 그녀가 눈앞에 두고도 몰랐을 가능성이 클 것 같았다. 아니나 다를까 몇 주 지나서 전화가 왔다.

"어머님 말씀이 맞습니다. 지금까지 수십 명이 있었더라고요. 진즉에 알았더라면 훨씬 많은 것을 할 수 있었을 겁니다."

늘 배우려는 의지와 호기심 그리고 모든 학생을 존중하는 태도가 재키 선생님의 성공 비결이었다. 학기가 시작된 지 두 달 후 학부모 회의가 열렸는데, 그때 그녀는 내게 인사하며 "브라이스를 앞으로 2년 동안 맡으려고 합니다."라고 했다.

나는 정신이 멍했다. "우리 아들이 그렇게나 못 따라가고 있습니까?"

"아뇨. 그런 게 아닙니다." 그녀가 대답했다.

"그저 호기심이 생겨서요. 제가 브라이스에 관해 배워야 할 게 아주 많습니다. 브라이스에게 배울 것도 많고요."

아이의 내면 속 전구에 불이 켜지는 순간

이 책은 교실 운영을 위한 구체적인 아이디어 몇 가지를 제시하긴 하지만, 주된 목적은 이런 아이디어들을 통합해서 정식 교사든 보조교사든 학부모나 전문 치료사든 행정가나 가족, 심지어 퀴디치(《해리포터》에서 빗자루를 타고 날아다니며 경기하는 구기 종목 – 옮긴이) 코치든 자폐 학생을 가르치는 모든 사람에게 방향을 제시하는 더 큰 개념을 만드는 것이다. 《해리포터》 시리즈를 잘 아는 독자라면 퀴디치 팀에 성인 코치가 없다는 것을 눈치챘을 것이다. 퀴디치 팀은 전적으로 학생이 주도하는 팀으로 어른의 지도 없이 학생들끼리 경험과 지식을 쌓고, 협동심을 배운다. 어쩌면 그래서 이것을 '마법'이라고 부르는 게 아닐까?

전략과 전술은 교육 탐구에 매우 중요하고 필수적인 볼트와 너트 같은 요소다. 그러나 이것만이 전부는 아니다. 모든 볼트와 너트를 제자리에 끼우고, 기관차가 잘 움직일 수 있도록 정확하게 배합한 연료를 주입한 후 기관차가 칙칙폭폭 소리를 내며 얼마나 순조롭게 움직일지 고려해야 한다. 친척 중 항공기 정비를 담당하는 분이 있었는데, 그는 자신이 맡은 일을 '느슨해진 것은 바짝 조이고, 조여진 것은 느슨하게 푸는 일'이라고 묘사했다. 아이가 잠재력을 최대한 발휘할 수 있도록 조정하는 일도 그렇다. 아이의 성공 여부는 우리가 가르치려는 지식이나 정보보다 훨씬 더 많은 것에 달려 있다.

자폐 학생의 목소리를 듣고 아이에게 의미 있는 방식으로 반응하려면 우리 내면에 깊이 뿌리박힌 틀부터 깰 수 있어야 한다. 우리는 대부분 언어로 생각하지만, 자폐 학생들은 이미지로 생각할 수도 있다. 우리는 언어의 미묘한 의미 차이를 이해하지만, 자폐 학생에게는 구체적으로 설명해야 한다. 우리는 다른 사람을 관찰하면서 맥락과 동기를 추론하지만, 자폐 학생은 그런 사회적 미묘함을 마음속에 그리지 못하는 '마음 맹인'일지도 모른다. 우리에게는 좋은 냄새도 자폐 학생은 역겨워할 수도 있다. 우리는 으레 걸러내는 소리일지라도 자폐 학생은 그 소리에 머리가 지끈거릴 수도 있다.

어떤 어른들은 '자폐 아동은 자기만의 작은 세상에 갇혀 있으니, 빨리 현실 세계로 나와야 한다.'라고 주장한다. 그러나 우리의 세상이 우리에게 진짜 세상이듯 자폐 아동의 세상도 그 아이에게 진짜라는 것을 받아들이고, 이런 이해를 기본 바탕으로 삼아야 한다. 모욕과 수치심, 편협한 시선이 아니라 분명하고, 관련성 있고, 점진적이며 발달학적으로 적절하고, 달성 가능한 목표를 아이에게 제시해야 한다. 그런 다음 목표 달성에 필요한 도구와 문제 해결 전략, 정서적 지원을 제공해서 아이가 더 큰 세상에 합류할 수 있도록 격려하고 동기를 부여해야 한다. 아이에게 현실적인 성과를 얻는 법을 가르치고, 발달 상태와 주변의 끊임없는 변화를 반영해 목표를 조절해야 한다. 그것이 우리가 자폐 학생에게 보여줘야 할 진짜 세상이다.

내가 함께 시간을 보낸 교사들은 대부분 '진짜 세상이 부리는 마법은 아이의 내면에 있는 전구에 불이 켜지는 것을 보는 순간 발견할 수 있다.'라고 말한다. 어둠 속에서 전등 스위치를 찾을 수 없을 때 손으로 벽을 더듬어가며 찾는 상황이 답답할 수도 있다. 나는 이 책이 당신의 손을 스위치로 정확히 안내하는 역할을 하길 바란다. 이것은 생각보다 쉬우면서도 동시에 생각보다 어려운 일일 것이다.

이 책에서 우리는 주로 자폐 학생들이 사회적, 물리적 환경을 어떤 식으로 다르게 경험하는지 살펴볼 것이다. 즉, 어떻게 사고하고, 어떻게 다른 사람과 관계를 맺고, 어떻게 입력된 감각을 처리하는지 살펴볼 것이다. 그러나 교사로서 그리고 부모 교사로서 우리가 절대 잊지 말아야 할 것은 자폐 학생들이 비자폐 학생들과 많은 특징을 공유한다는 사실이다. 이 책에 소개하는 열 가지는 자폐 학생을 가르칠 때 더없이 중요한 사항이지만 모든 아이에게 유익한 요소들도 발견할 수 있을 것이다.

이 책에서는 인용 문구를 제외하고는 '정상'이라는 말을 사용하지 않을 것이다. 다른 자폐 학생의 부모처럼 나 역시 아들이 자폐 진단을 받았을 때 "아이가 정상적으로 생활하는 법을 배울 수 있을까요?"라는 의미를 담은 다양한 형태의 질문을 받았다. 그런 몰상식하고 주제넘은 질문을 받았을 때 처음에는 망연자실했다. 그러나 나중에는 그렇게 질문하는 사람들이 '인간적 시선이 결핍된 사람들'이라는 것을 깨닫고, 그들에게 연민이 느껴질 정도였다. 나는 미소 짓거나 윙크하며 "때가 되면 그러겠죠!"라고 응답하거나 "아뇨, 우리 아들은 절대 세탁건조기 일체형 같은 상태가 되지 않을 거예요."라고 말하며 재빨리 받아넘기곤 했다. 때로는 '정상이 골치 아픈 점은 항상 더 나빠진다는 것이다.'라는 캐나다 작곡가 브루스 콕크번Bruce Cockburn의 말을 인용하기도 했다.

이 책의 초판이 나온 후, 한 세대의 자폐 학생들이 자기 생각을 분명하고 거침없이 표현하는 성인으로 성장했다. 많은 사람이 그들이 '정상'이 되는 것은 가능하지 않을뿐더러 그들도 그러기를 바라지 않을 것이며 상황에 따라서는 정신 건강에도 좋지 않다고 주장했다. 이 책의 후반부에서 작가이자 자폐인 옹호자인 자칭 '전반적 아스퍼거 장애인' 제니퍼 매킬위 마이어스Jennifer McIlwee Myers는 이렇게 말한다.

"제발 우리를 '정상'으로 만들려고 하지 마세요. 그보다는 자신의 역할을 다 할 수 있는 사람이 되고 싶어요. 모든 에너지와 시간을 발을 떨지 않기 위해 집중해야 한다면 우리는 제 역할을 해내기가 어렵습니다."

2020년에 시작된 코로나19의 세계적인 유행으로 우리는 대부분 신체적, 사회적, 정서적 영역에서 '정상'을 포기할 수밖에 없었다. '새로 맞이하는 정상', '정상으로의 복귀' 같은 유행어가 등장했지만 날마다, 달마다, 사람마다 그리고 그 외 다른 변수가 생길 때마다 거의 매번 '정상'의 형태가 달라져서 의미를 정확히 규정하기가 불가능해 보였다. '정상'의 의미를 확실히 정의할 수 없다는 이유로 오랫동안 이 용어를 거부했던 장애인 사회는 '그러게 내가 뭐랬어!'라는 표정으로 눈썹을 추켜세웠다. 마이어스는 이렇게 말했다. '장애인들은 제한된 사회경제적 영향력에 매우 익숙하고, 특히 건강관리와 관련해서는 더욱 그렇다. 그래서 지금 벌어지는 많은 일이 그들에게는 그저 통상적이다. 그저 자기 역할을 다하는 데 필요한 것들을 얻을 수는 없을까? 지금 당장 중요한 요구가 아니라는 이유로 반드시 필요한 치료서비스인데도 거부당해야 할까? 위험이나 어려움 없이 집을 나설 수는 없는 것일까? 이런 일들이 장애를 가진 많은 이에게 예사로 일어나고 있다.'

그렇다면 '정상'이란 무엇이고, 자폐 학생을 가르칠 때 그것이 어떤 영향을 미치며 앞으로 어떤 영향을 미쳐야 할까? 내가 수년 동안 매일 마음에 담고 다닐 정도로 좋아하는 '정상'의 정의는 우리에게 끝없는 기회를 제공하는 말이다. 어느 교육자의 입에서 나온 이 '정상에 관한 정의'는 내 책의 모든 구절을 통틀어 가장 아끼는 부분 중 하나다. 이 글은 친구를 많이 사귀지 못하고 '우리가 했던 정상적인 십 대 청소년들이 하는 일'을 못 할 수도 있는 자녀를 걱정하는 어머니에게 한 언어치료사가 건네는 조언이었다.

"아드님이 작년에 제게 처음 왔을 때만 해도 사회적 사고 능력이 아예 없는 것이나 다름없었습니다. 복도에서 사람들에게 왜 '안녕'이라고 인사해야 하는지 이해하지 못했고, 대화를 이어나가기 위해 질문하는 법이나 점심시간에 친구들과 어울리는 법을 몰랐습니다. 하지만 이제 그런 일을 잘 해내고 있습니다. 정말 엄청난 발전입니다."

"그런데 저희 아이에겐 친구가 둘밖에 없는걸요."

"친구가 둘이나 있다고 바꿔 말해야겠네요. 한 친구는 아이와 마찬가지로 모형 기차에 흥미가 있고, 다른 친구는 아이처럼 달리기를 좋아합니다. 아이는 어머니 마음이 어떤지 알고 있습니다. 그래서 얼마 전에 아이가 제게 한 말을 전해드릴까 합니다. 자기는 많은 친구를 원하지 않는대요. 친구가 많아도 감당할 수 없고, 동시에 여러 명을 상대하려면 오히려 스트레스를 받는대요. 그런데 두 친구에게는 자기가 흥미를 느끼는 것에 관해 이야기할 수 있고, 정말 좋은 친구들이라고 했습니다."

언어치료사는 말을 계속 이어갔다.

"우리 학교나 다른 학교에 가보면 매우 다양한 '정상' 중학생들의 행동을 보게 될 것입니다. 세상 물정 모르는 정상인, 운동을 좋아하는 정상인, 음악을 좋아하는 정상인, 예술적인 정상인, 컴퓨터에 열광하는 정상인 등이 있어요. 아이들은 저마다 자신이 안전하다고 느끼는 집단에 끌리는 경향이 있습니다. 지금 아이는 그런 집단을 찾은 겁니다. 어머님과 제가 할 일은 균형을 유지하는 거예요. 아이가 편안하게 경계선을 확장할 수 있도록 필요한 기술을 계속 가르치면서 동시에 아이의 선택을 존중하는 겁니다. 아이는 여러 사회적 자아를 가지고 있습니다. 그것들을 모두 수용하고 그래서 아이를 전인적 존재로 받아들이는 것이 곧 '정상'을 바라보는 우리의 시선을 재정의하는 과정입니다."

정말 중요한 것은 '특별대우'를 할 자폐 스펙트럼 장애 학생을 가려내는 것이 아니라 다양한 종류의 학습자를 각자의 장점과 요구에 맞춰 가르치는 것이다. 그러면 분명 달라질 것이다. 비록 변화량은 예측할 수 없을지라도 당신은 불현듯 아이의 전구에 불이 들어오는 광경을 목격하게 될 것이다. 이런 과정과 결과 모두 흥미진진하지 않겠는가! 어쩌면 이것이 당신이 애초에 교사가 된 이유가 아닐까? 이제 자폐 학생의 목소리로 그들이 진정 바라는 것이 무엇인지 들어보자.

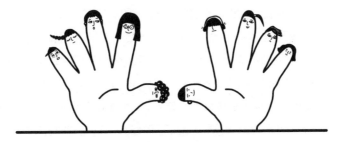

자폐 학생이
교사에게 알려주고 싶은 열 가지

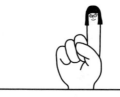

우리 모두 학생이자 선생님이에요

나를 가르쳤던 몇몇 선생님은 내게서 많은 것을 배운다고 말했어요. 그래서 학습이 모든 방향으로 흐른다는 것을 알 수 있었어요. 학습은 교사에서 학생으로 이어질 뿐만 아니라 학생에서 교사로, 학생에서 다른 학생으로, 교사에서 다른 교사로도 이어지는 거예요. 학습의 순환은 우리 모두에게 일어나요. 선생님이 오직 한 방향으로만 생각한다면 무슨 일이 벌어질지 상상해 보세요. 코미디 영화 〈페리스의 해방(Ferris Bueller's Day Off)〉에 이런 장면이 있어요. 교사가 단조로운 목소리로 아무나 대답하라고 말하는 동안, 아이들은 책상에 머리를 대고 침을 잔뜩 흘리며 잠만 자요. 분명 이 순간 아이들은 아무것도 배우는 게 없을 거예요.

선생님은 나에게 세상이 대형 조각 퍼즐과 같은 학습 기회의 공간이라고 말할지도 모르겠어요. 그러나 나는 그런 기회를 알아차리기 어려울 수도 있어요. 내가 배우는 방식은 대다수 사람의 방식과 달라요. 자폐적 사고방식이 주변 정보를 이해하는 것을 방해할 수 있어요. 그러나 이것 한 가지는 확실해요. 내가 선생님에게 배우는 만큼 선생님도 나에게서 배울 게 있다는 거예요. 자폐 학생에게는 기꺼이 학습자가 되려는 선생님이 필요해요. 선생님은 내가 알아야 할 것들을 배울 수 있게 도울 수 있어요. 그리고 선생님이 나에게 배우는 것도 매우 중요해요. 앞으로 나 같은 학생을 훨씬 더 많이 만날 테니까요.

힘을 모으면 성공할 수 있어요

'팀'이라고 하면 보통 스포츠 용어라고 생각하기 쉬워요. 한 팀에 소속된 선수들은 각자 자기 위치에서 경기를 뛰지만, 모두 하나가 되어 협력하고 있다는 사실을 다른 사람들이 쉽게 알 수 있도록 같은 옷을 입어요. 선수 한 명 한 명이 모두 중요하고, 서로를 의지하고, 승리와 패배의 순간을 공유해요. 어떤 선수가 잘했을 때는 칭찬하고, 어떤 선수가 힘들어하면 힘을 내라고 격려해요.

팀이라는 단어를 사전에서 찾아봤어요. 팀은 '같은 목적을 지니고 있거나 같은 일을 하고, 성공을 위해 오랫동안 서로에게 기대는 사람들로 이루어진 집단'이라는 뜻이래요. 우리 모두 이 말을 늘 볼 수 있는 곳에 붙여 놓아야 한다고 생각해요. 내가 학습이나 운동을 잘할 수도 있고 못할 수도 있지만, 자폐 학생인 내가 성공에 이르기 위해서는 다른 무엇보다도 나와 같은 팀에서 뛰고 싶어 하는 사람들이 필요해요.

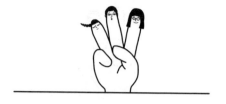

나에게 의미 있는 방식으로 가르쳐 주세요

자폐 학생은 생각하는 방식이 달라요. 그래서 선생님이 나를 가르치는 방식도 달라야 해요. 삶과 배움의 색깔이 저마다 다양하다는 사실을 가르치고 싶으세요? 그러면 먼저 내 눈에는 다른 사람들의 모습이 '흑' 아니면 '백'으로 보인다는 것부터 이해해야 해요. 자폐 스펙트럼 장애는 사고법이 다른 거예요. 내 뇌는 선생님의 뇌와 다르게 작동해요. 이건 이상하거나 잘못된 것이 아니라 그냥 다른 거예요. 선생님은 선생님의 사고법에 익숙해서, 그것이 나에게 낯설 수도 있다는 생각을 하기 힘들 거예요.

선생님은 구체적으로 배우지 않아도 학습한 내용을 주변 사건이나 사람과 연결 짓는 일을 자연스럽게 할 수 있어요. 하지만 나에게는 모든 것이 서로 무관한 단편적인 세포처럼 존재해요. 그래서 나는 각각 떨어져 있는 점들을 억지로 연결하려고 노력해야 해요. 이런 사고법이 학습에 얼마나 깊은 영향을 미치는지 선생님이 깨달았으면 좋겠어요. 그래서 내가 어떤 아이인지, 어떻게 생각하는지 존중하는 자세로 지도하면 좋겠어요.

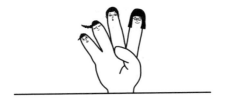

나는 행동으로 의사소통해요

어른들은 내 행동을 문제 행동, 나쁜 행동, 난데없는 행동 또는 아무 이유 없는 행동이라고 말해요. 하지만 나에게는 모든 행동이 '그냥' 행동일 뿐이고, 모든 행동에는 이유가 있어요. 내 행동은 나와 선생님 사이에 무슨 일이 일어나는지, 내 안에서 무슨 일이 일어나는지, 눈에 보이거나 보이지 않는 주변 요인들이 나에게 어떤 영향을 미치는지 나타내는 정보예요. 내가 언어로 표현하지 못할 때나 아무도 내 말을 들어주지 않을 때, 내가 주변에서 벌어지는 일들을 어떻게 느끼는지는 내 행동이 말해줄 거예요. 만일 선생님이 내가 무슨 이유에서 또는 누구 때문에 그런 행동을 보이는지 모르면서 무조건 내 행동만 바꾸려고 한다면 우리 모두 나쁜 경험을 할 거예요.

내가 적절하게 소통하는 법을 배우고 싶어 한다는 것을 믿으세요. 어떤 아이도 자신의 행동에 대한 주변 반응 때문에 자기감정을 억누르는 것을 좋아하지 않아요. 내게서 그런 행동이 나온다는 것은 감각이나 감정이 과부하되었거나, 필요한 것이 무엇인지 알릴 수 없거나, 사람들이 나에게 기대하는 것이 무엇인지 이해하지 못하고 있다는 뜻이에요. 아니면 나에게 기대하는 것이 무엇인지 알고 있더라도 아무 기술이나 지식이 없는 경우일 거예요. 게다가 나는 내가 실패할 때 사람들이 보일 반응이 무서워요. 행동은 증상 같은 거예요. 내 행동의 이면을 살펴보고 내가 불편해하는 이유가 무엇인지 찾아주세요. 행동을 멈추게 하는 것만으로는 충분하지 않아요. 그렇게 한다고 근본적인 이유나 요구가 해결되지는 않거든요. 내 요구가 무엇인지 확인하고 나서 행동의 원인을 해결하고 우리 모두 받아들일 수 있는 대처 방법을 가르쳐 주세요. 진짜 학습이 일어날 수 있게요.

소통하지 않으면 우리는 배우지 못할 거예요

나는 종종 고장이라도 난 것처럼 사람들의 말을 잘 알아듣지 못하고 갈피를 못 잡아요. 이 점을 항상 염두에 두고 나에게 가장 효과적일 수 있는 소통 방법을 찾으려 노력해 주세요. 나는 선생님에게 의존하고 선생님을 본보기로 삼아요. 그러므로 나에게 기대하는 것을 말로만 전달하지 말고 행동으로 직접 보여주세요. 나에게 의미 있는 방식으로 인내심을 가지고 반복적으로 직접 보여주는 것이 가장 좋은 방법이에요.

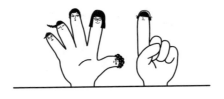

나를 전인적 존재로 생각해 주세요

나를 보고 '문젯거리'나 '증상'이란 말을 하는데, 난 그냥 아이일 뿐이에요. 선생님처럼 나도 몸과 마음과 영혼이 통합된, 세상에 하나밖에 없는 존재예요. 선생님처럼 나도 나만의 생각과 관심사, 좋아하는 것과 싫어하는 것, 꿈과 두려움을 가진 고유한 존재 예요.

나를 여러 증상과 장애를 모아놓은 존재 혹은 부서지거나 떨어져 나간 조각들의 집합 체로 보지 말고 '전인적 인간'이나 '미래의 어른'으로 생각해 주세요. 단순히 무엇을 하 라고 지시하고 말게 아니라, 내가 '나만의 세상'이 아닌 '우리의 세상'을 이해하고 그 세상 안에서 편안해질 수 있도록 생각과 감정, 반응 같은 나를 이루는 모든 부분이 어 떻게 협력해야 하는지 가르쳐 주세요. 사회적으로나 정서적으로 연관성이 없는 사실 이나 기술을 보여주는 것만으로는 나를 가르치지 못할 수도 있어요.

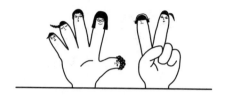

내게 많은 것을 질문해 주세요

내가 읽기를 배울 때, 언어치료사와 함께 '그림 읽기(Picture Walk)'를 한 적이 있어요. 동화책의 그림을 한 장씩 넘기며 "궁금하다!"라고 말하는 거예요. 우리는 '다음에 무슨 일이 벌어질지 궁금하다.' '왜 이 사람이 슬퍼 보이는지 궁금하다.' '누가 문을 두드리고 있는지 궁금하다.'라고 말하며 함께 질문의 답을 찾았어요. 마찬가지로, 내 행동의 이유가 무엇인지 선생님도 호기심을 가져주세요.

자폐 학생에게는 반복적인 일상과 익숙함이 중요하기 때문에 우리는 어떤 일에든 호기심을 가지기가 힘들어요. 그러니 선생님이 나에게 호기심을 두 배로 가져줘야 해요. 선생님의 호기심 덕분에 나도 새로운 일에 조금씩 도전할 수 있을 거예요. 선생님이 나를 신경 쓴다는 것도 알 수 있고요. 나만의 안락한 공간에서 벗어나 때로는 두렵고 버거운 세상으로 나갈 수 있다고 느낄 때, 비로소 살아가기 위해 해야 할 일들을 배우는 '진짜 학습'이 일어날 수 있어요. 우리가 호기심을 가질 수 있다면 얼마나 많은 것을 함께 배울 수 있을까요? 너무 궁금해요.

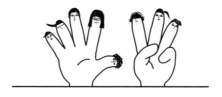

선생님을 신뢰하고 싶어요

내가 선생님을 진심으로 신뢰할 수 있어야 학습이 중단되지 않고 잘 흘러갈 수 있어요. 그러니 내가 선생님을 믿을 수 있게 신뢰부터 쌓아주세요. 선생님이 한 해 동안 나를 담당할 어른이라고 해서 내가 자동으로 선생님을 신뢰한다는 의미는 아니에요. 선생님의 지시를 따르긴 하겠지만, 순응이 신뢰와 같은 의미는 아니잖아요. 순응한다고 해서 내가 배우고 있다는 의미는 아니에요. 나는 늘 일관성 있게 행동하고, 다른 사람의 요구를 존중하고, 그 요구를 충족시키기 위해 최선을 다하는 사람을 신뢰할 거예요. 모든 답을 알지는 못하더라도 나에게 솔직한 사람을 신뢰할 거예요.

선생님을 신뢰할 수 있을 때, 나는 선생님이 가르치려는 것이 나에게 의미 있고 도움이 된다는 사실을 더 쉽게 알아챌 수 있어요. 선생님을 신뢰할 수 있을 때, 나는 나 자신을 신뢰하는 법도 배울 수 있어요. 그 순간, 나는 비로소 배울 수 있어요. 그 모습을 지켜봐 주세요.

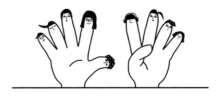

나를 진심으로 믿어주세요

자동차 회사를 만든 헨리 포드 할아버지는 '네가 스스로 할 수 있다고 생각하든 할 수 없다고 생각하든 너는 항상 옳다.'라고 했어요. 헨리 포드 할아버지의 말처럼 선생님도 내가 배울 수 있다고 믿어주세요. 그리고 내가 성장하는 과정을 지켜봐 주세요. 선생님이 나를 변화시킬 수 있다고 믿으세요. 선생님이 내 능력을 믿는 것도 중요하지만, 그전에 나는 선생님이 내 말을 믿어주면 좋겠어요. 내 말이 아무리 이상하게 들리더라도 호기심을 잃지 말아 주세요.

만일 내가 적당한 말을 찾지 못하거든 나의 행동이 하는 말을 믿어주세요. 나는 친구들처럼 똑바로 말하지 못할 수도 있어요. 아예 말을 하지 않을 수도 있어요. 사람들이 내 말을 믿기보다 무시하거나 욕하거나 부인하거나 놀리는 경우를 너무 많이 겪어서 그러는 거예요. 그러니 내가 무엇이든 될 수 있다고 격려하고 싶다면 내 말을 믿는 것부터 시작하세요. 그런 다음 내 능력을 믿어주세요. 선생님 곁을 떠나 오랜 시간이 흘러도 끝까지 버틸 수 있게 말이에요.

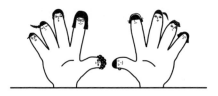

유능하고 독립적인 어른으로 자랄 것을 믿어주세요

'물고기를 주면 하루를 먹고 살게 하는 것이고, 물고기 잡는 법을 가르치면 평생을 먹고 살게 하는 것이다.'라는 중국 속담이 있어요. 선생님이 내게 줄 수 있는 가장 중요한 가르침은 책이나 학습지나 검색으로 찾을 수 있는 게 아닐 거예요. 나는 어른이 되었을 때 되도록 혼자 힘으로 의미 있는 삶을 살기 위한 기술을 배워야 해요.

학습이 나에게 의미 있는 것이 될 수 있도록 도와주세요. 나 자신을 돌볼 수 있고, 직장동료와 이웃, 친구, 세상 사람들과 원만히 상호작용할 수 있는 어른으로 살아갈 수 있게 내게 필요한 방식으로 지식과 기술을 사용하는 법을 가르쳐 주세요. 어떤 어부가 '낚시는 줄을 던지는 기술과 물고기가 걸렸을 때 줄을 잡아당기는 기술이 합쳐진 과학'이라고 묘사하는 것을 들은 적이 있어요. 내 인생의 기술과 과학 모두를 배워 유능하고 독립적인 어른으로 자랄 수 있도록 도와주세요.

우리 모두 학생이자
선생님이에요

학습이 순환한다는 개념은 사실 새로운 것도, 독특한 것도 아니다. 브라이스를 가르쳤던 많은 교사가 브라이스에게 이 개념을 배웠으며, 자신들이 가르치는 모든 학생에게 계속해서 배운다고 이야기한다. 이것은 당연하면서도 매우 반가운 일이다. 브라이스가 자폐 진단을 받은 지 얼마 되지 않았을 때 자폐 학생들의 부모 모임에서 만난 한 어머니가 했던 말이 생각난다. 그녀는 교사들의 태도가 지긋지긋하다는 듯 고개를 저었다.

"교사들이 우리 아이에게서 배운다는 말은 정말 지겨워요! 아이들에게 배울 게 아니라 아이들을 가르쳐야죠!"

그녀의 말에서 불안감과 초조함이 느껴졌다. 아이가 배워야 할 것은 너무나 많은데, 학교에서 보내는 시간은 고작 하루 여섯 시간으로 제한적이기 때문일 것이다. 교사와 부모 양쪽 모두 이렇게 자주 초조함을 느끼는데, 우리는 이런 조바심이 오히려 역효과를 낸다는 점을 명심해야 한다. 부모와 교사들은 교실, 가정, 공동체 안에서 학습 기회가 있을 때마다 최대한 활용해야 한다. 시간을 절약한다는 핑계로 이런 기회를 흘려보낸다면 결국 가르치는 과정만 더디게 만들 뿐이다.

나는 지난 몇 년 동안 많은 훌륭한 교사들 옆에서 배울 수 있었다. 이 시간 덕분에 가르치고 배우는 에너지가 나이, 교육 수준, 사회적 위치와 상관없이 모든 개인 사이를 오가는 '순환적 학습(Circular Learning)'을 깊이 있게 경험할 수 있었다. 순환적 학습은 브라이스가 유치부 학급에 들어갔을 때부터 시작되었다. 그 무렵 브라이스를 맡았던 교사 크리스틴은 '순환적 학습의 화신'이라 불릴 만했다. 우리가 함께한 1년이 끝나기도 전에 그녀는 막무가내로 나에게 책을 쓰라고 권유했다. 그러고 나서 마침내 내가 책을 쓸 때까지 7년 동안 꾸준히 나를 격려했다.

작업치료사 베다 노므라도 크리스틴 못지않게 중요한 교사다. 브라이스 담당 팀의 구성원이었던 베다는 브라이스와 내가 극도로 복잡한 '자폐아의 감각 통합'이란 개념을 이해할 수 있게 인내심을 가지고 안내했다. 자폐아의 감각 통합을 이해하는 것은 내가 살면서 경험한 가장 어려운 과제 중 하나였다. 마침내 어느 정도 목표에 이르렀을 때, 나는 그녀를 진심으로 존경하게 되었다. 또한 교실 벽에 붙은 그녀의 글에 감명받기도 했다. 교사와 아이들 모두 각자 자기 사진을 하나씩 가지고 와서 교실 벽에 붙여 놓았는데, 사진 밑에는 '나는 ○○하는 법을 배우고 있습니다.'라고 적혀 있었다. 브라이스는 '보조 바퀴가 있는 자전거 타는 법을 배우고 있다.'라고 썼다. 베다의 사진 밑에는 '나는 십 대 청소년을 키우는 법을 배우는 중입니다.'라고 쓰여 있었다. 나는 그녀의 메모를 보고 아무리 지식이 많고 능력이 넘쳐 보여도 우리 모두 여전히 배우고, 도전하고, 새로운 방법을 찾고 있음을 느낄 수 있었다.

자폐를 바라보는 관점을 바꾸고 기꺼이 도전하라

자폐 스펙트럼 장애를 다룬 많은 책과 논문, 인터넷 게시글에서 '자폐의 미스터리'를 언급하는 글을 자주 목격한다. 그러나 나는 자폐에 '미스터리'라는 말을 붙이는 것을 좋아하지 않는다. 나는 누가 범인인지를 다루는 미스터리에는 관심이 없다. 그저 다음에 무엇이 다가올지 알고 싶을 뿐이다. '알려지지 않은 것'과 '알 수 없는 것'이 동의어라는 의미에서 하는 말이 '미스터리'라면 나는 이 말이 싫다. 미스터리가 실력 있는 탐정의 손에서 결국 해결되듯이 자폐에 대해서도 우리는 충분히 파헤칠 수 있을 것이다. 그러려면 먼저 모든 자폐 학생이 하나의 범주에 속하는 것은 아니라는 사실부터 깨달아야 한다. 어느 아이도 똑같지 않고, 어떤 접근법도 그 하나만으로 확실한 방법이 될 수 없다.

자폐 학생과 성공적인 관계를 맺는 일은 '효과 있는 것'을 찾아내는 문제이기도 하지만, 종종 '효과 없는 것'을 찾아내는 문제이기도 하다. 어느 쪽을 찾아내든 우리가 아이에게 묻는 질문을 재구성하거나 재배열하는 것처럼 간단하면서도 복잡한 방법을 통해 자폐 학생과의 관계 맺기를 성공으로 이끌 수 있다. 때로는 피곤하고 짜증 나는 일이 될 수도 있지만, 절대 실패로만 끝나지는 않을 것이다. 평생 실패를 경험하지 않았을 것 같은 토머스 에디슨도 이렇게 말했다.

"물론 저는 수많은 결과를 얻어냈습니다. 그리고 실패한 수천 가지 일도 알고 있습니다."

자신에게 필요한 것이 무엇인지 정확히 표현하지 못하는 자폐 학생을 보면서 어떻게든 방법을 찾겠다고 결심한 많은 부모와 교사는 평소 아이에게 "대체 무엇을 원하는 거니?"라는 질문을 자주 할 것이다. 이제는 이런 질문 대신 거꾸로 "무엇을 원하지 않니?" "무엇을 좋아하지 않니?" "내가 무엇을 하지 말아야 할까?"라고 질문함으로써 결과적으로 아이와 성공적인 관계를 형성할 수 있다는 점을 기억하자.

독일 철학자 마르틴 하이데거는 '가르치기는 배우기보다 더 어렵다. 왜냐하면 가르치기 위해서는 배우도록 내버려둘 수 있어야 하기 때문이다.'라고 말했다. 이것은 논쟁의 여지가 있는 이중적 개념이지만, 순환적 학습을 정의하는 완벽한 문장이기도 하다. 어른으로서 우리는 가르치기 위해 배워야 하는 짐을 짊어졌다. 우리와 완전히 다른 사고 체계와 정보 처리 구조를 가진 자폐 학생을 가르치려면 꼭 알아야 할 것들이 있는데, 이것들을 배우려면 우리가 가진 독선과 억측부터 버려야 한다.

누구든 해답을 모르는 상태에서 낯선 곳에 발을 들여놓아야 한다면 분명 겁부터 덜컥 날 것이다. 그럴 때마다 당신이 맡은 자폐 학생은 이렇게 말할 것이다.

"선생님이 그곳에 있기 불편하다고 느낀다면 이해해요. 나도 종종 답을 모를 때면 오랜 시간 동안 그런 기분이 들거든요."

교사뿐만 아니라 부모도 마찬가지다. 우리가 낯선 곳으로 가지 않거나 자신의 능력과 한계를 적극적으로 탐색하지 않는 이유는 꼭 두려움 때문만은 아니다. 내가 아는 교사 중에 흔히 말하는 좋은 학교에서 일반교사로 근무하다가 이른바 문제 학교의 교감으로 간 사람이 있다. 그에게 그런 선택을 한 이유를 묻자, '한 번쯤 받아들일 수 있는 도전을 해보고 싶었다'고 했다. 그의 말처럼 우리에겐 불편함과 변화마저도 성장의 다음 단계로 받아들일 수 있는 용기가 필요하다.

누구나 실수를 통해 배운다는 것을 받아들여라

나는 자폐 스펙트럼 장애에 관해서 책이 아니라 아들에게서 먼저 배웠다. 그 시기에 내가 저지른 실수는 지금도 여전히 떠올리기조차 싫다. 그러나 나 자신을 심하게 책망하고 싶을 때마다 늘 수화기 너머로 "어머님, 부모로서 교사로서 우리 모두에게 일어나는 일입니다. 어머님이 자신을 용서한다면 브라이스도 어머님을 용서할 거예요."라고 말해주는 교사가 있었다.

브라이스와 나는 회복탄력성의 한계를 넓히는 법을 서로에게서 배웠다. 내가 브라이스에게 저지른 실수를 스스럼없이 인정하는 것은 배움을 위한 매우 강력한 동기가 되었다. 실수하지 않는 인간은 없기 때문이다. 만약 우리가 인간이기에 갖는 약점에 솔직해지고, 부모나 교사에 대한 아이들의 존경을 당연한 권리가 아닌 매일 노력해서 얻는 것으로 생각한다면 아이들은 우리를 더욱 존경할 수 있을 것이다. 그런데 이런 점을 고려하지 않고 아이들에게 무조건 어른의 권위를 존중하라고 요구하는 태도는 내게 조금 낯설게 느껴진다. 나는 내가 잘못한 것이 있다면 두 아이에게 주저하지 않고 바로 사과한다. 내가 잘못 판단해서든 부주의해서든 정보가 틀려서든 아니면 그저 지식이 부족해서든, 아이들이 학습의 순환 고리 밖으로 나가지 않게 하는 것이 더 의미 있는 일이기 때문이다. 이것은 지금도 변함없다. 학습의 순환 고리 안에서 우리는 실수를 자책하기보다는 "그 방법은 통하지 않았네. 그럼 다음엔 어떻게 해볼까?" "분명 무엇인가를 배우긴 했어. 그렇지? 다음엔 무엇을 해야 할지 더 잘 알 수 있을 거야."라는 태도로 접근할 필요가 있다.

자폐 학생은 자신의 생활 반경 안의 어른들에게 의지하고, 어른들은 서로를 통해 자폐 학생에 대해 배운다. 그런데 사람들이 나에게 보낸 이메일을 읽어보면 종종 가슴이 아플 때가 있다. 자폐 진단을 받은 자녀를 둔 부모들은 자녀에 대해 교사들에게 얼마나 많은 것을 알려줘야 하는지 모르겠다고 불평한다. 그들은 자신의 경험에서 우러난 지혜를 교사들이 존중하고 귀를 기울여줬으면 한다. 반면에 교사들은 학교에서 아이를 직접 경험하면서 배운 것들과 전문적인 관찰에 기반한 의견을 부모들이 거부하고 반대하고 불신하고 부인하는 모습이 안타깝다고 말한다.

순환적 학습은 아이 중심의 접근법을 취하기 위해 우리에게 자존심과 선입견, 뿌리 깊이 박혀 있는 고정관념을 버리라고 요구한다. 또한 결과만큼 과정을 수용하고, 잘 닦인 포장도로에서 기꺼이 벗어나 사람들이 많이 다니지 않는 길을 덜컹거리며 달려가는 용기와 자신감을 가지라고 격려한다. 시험 점수와 하향전달식 접근법을 가치 있게 여기기보다는 관계를 형성하고, 협력하고, 탐색의 전율을 다시 느낄 수 있게 노력하라고 요구한다. 순환적 학습은 학생의 머릿속에 정보를 주입하는 것이 진정한 교육이 아니라는 점을 강조한다. 순환적 학습은 모든 학습자에게서 의미 있는 것을 끌어내기 위해 노력하는 일이다. 여기서 학습자는 단지 학생만을 가리키는 것이 아니라 교사와 부모 그리고 학생과 상호작용하는 모든 사람을 포함한다.

모든 순간이 가르치고 배우는 시간이다

나는 처음부터 내가 브라이스의 교육에 전적으로 참여하는 파트너이자 동료 학습자가 되어야 한다는 사실을 거부감 없이 받아들였다. 브라이스가 최대한 유능하고 독립적인 어른으로 살아갈 수 있게 준비하는 것이 나의 임무라는 것을 직감했기 때문이다. 하지만 아이가 너무 어릴 때나 자폐로 생겨난 장애물이 위협적으로 보일 때는 '현명하고 유능한 교사'라는 구명보트에 매달려서 마냥 의지하고 싶은 마음도 컸다. 나에게는 노라 셜리가 그런 교사였다. 그녀는 브라이스를 처음 맡았던 보조 교사 중 한 명이었다. 그녀를 가리켜 '기적을 이뤄내는 사람'이라고 부르는 동료가 한둘이 아니다. 그녀의 성공 비결에 관해서는 이 책의 후반부에서 더 이야기할 것이다. 지금은 교사 학습자와 부모 학습자를 태우는 정거장에서 '노라의 학습 순환선'에 올라탈 때이다.

노라는 브라이스를 가르치는 일만 한 것이 아니라, 부모인 나에게 '독립'에 관해 가르치는 중요한 역할도 했다. 나중에는 브라이스가 그녀에게 너무 의존한 나머지 어쩔 수 없이 떨어져야 했지만, 그런 결정을 내리기 전까지 노라는 브라이스의 교육을 3년 동안 충실히 담당했다. 지나고 나서 생각해 보니 노라에게 크게 의존한 사람이 브라이스였는지 아니면 나였는지 모를 정도였다. 우리가 함께한 마지막 해 연말에 노라가 내게 쪽지를 건넸다. 쪽지를 펼쳤을 때 가슴에서 뜨거운 것이 올라왔다. 그 느낌을 지금도 잊을 수 없다. 쪽지에는 '정말 멋진 한 해였습니다. 아쉽지만 다음 학년에서는 브라이스를 담당하지 않기로 했습니다. 지난 몇 년 동안 우리가 쌓은 우정이 앞으로도 영원했으면 좋겠습니다.'라고 쓰여 있었다. 노라는 브라이스가 혼자서도 충분히 잘할 수 있는 과제를 할 때도 반사적으로 그녀를 쳐다보는 것을 눈치챈 후, 이제 그만 아이와 떨어져야 할 때가 되었음을 직감했다고 했다.

이 점에 관해서는 확실히 브라이스가 나보다 더 잘 이해하고 받아들였다. 알고 지낸 지 10년이 넘었는데도 나는 여전히 답을 알면서도 그

답이 마음에 들지 않을 때면 곧바로 노라를 찾아가 그녀의 의견을 들으려 했고, 반면 브라이스는 시간이 흐르면서 점차 혼자서도 잘 해낼 수 있었다. 노라는 오랫동안 나의 선생님이 되어주었다. 한번은 브라이스가 유치부 학급에 들어갔을 때 담당 교사였던 크리스틴 선생과 베다 선생 그리고 친구가 된 다른 교사들이 나를 위한 특별한 생일 파티를 열어줬는데, 그때도 노라는 내 옆에 있었다. 우리 중 누구도 학습의 순환 고리를 따라 통찰과 경험을 서로 나누지 않고 지난 10년을 보낸다는 것을 상상할 수 없을 정도였다. 베다 선생은 내게 이렇게 말했다.

"우리도 당신이 필요해요. 아이들이 우리를 떠나 상급 학년으로 진급하면 교사들은 대부분 학부모로부터 어떤 연락도 받지 못해요. 아이들에게 어떤 일이 일어나는지, 우리가 어떻게 했는지, 우리가 한 일이 효과가 있었는지, 무엇을 더 잘했어야 했는지 알 수가 없지요."

디즈니 영화 〈포카혼타스〉의 유명한 주제곡 '바람의 빛깔'은 순환적 학습이 필요한 이유를 아름답게 설명한다. 영화에서 포카혼타스는 존 스미스에게 "우리는 모두 원으로 연결되어 있어요. 끝이 없는 원 말이에요."라고 이야기한다. 그녀는 '자신과 다르게 생각하는 사람'을 소중하게 여길 줄 모르는 존에게 다음과 같이 충고한다.

그러나 낯선 이의 발걸음을 따라 걷다 보면
당신이 절대 알지 못했던 것들을 배우게 될 거예요.

만일 교사인 우리가 자폐 스펙트럼 장애를 두려워하지 않고 개개인의 다름을 이해하려 한다면 학생 안에 잠재하는 교사를 알아볼 수 있고, 이런 마음가짐이 우리가 앞으로 성취할 멋진 경험들의 밑바탕이 될 것이다. 이것은 곧 신뢰와 존중 그리고 모든 개인의 가치를 가리키며, 의미 있는 학습이 성공적으로 일어나기 위해 없어서는 안 될 기본 요소이다. 이 길을 걷는 모든 순간이 가르치고 배우는 시간이고, 때로는 행함(doing)으로써 배우는 것만큼이나 존재함(being)으로써 배울 것이고, 우리 모두 교사이자 학생이라는 사실을 받아들이는 것이다. 이런 과정을 거치는 동안 우리는 놀라우리만큼 역량을 강화할 수 있다. 다시 말해 역동적인 협력 관계를 형성하고, 우리 모두를 위하고, 특히 자폐 학생들을 위하는 다차원적인 학습활동 영역을 만들 수 있다. 당신도 기꺼이 학습의 순환 고리 안으로 들어오길 바란다. 학생들은 당신에게 의지한다. 그들은 당신이 해내기를 진심으로 바란다.

힘을 모으면
성공할 수 있어요

아이 한 명을 키우려면 온 마을이 필요하듯 자폐 학생을 교육하려면 팀이 필요하다. 자연이 공백을 싫어하듯 교육도 마찬가지다. 교사들은 공백 상태에서 가르치지 않고, 부모들은 공백 상태에서 자녀를 기르지 않으며, 아이들은 공백 상태에서 어떤 유의미한 성장도 이뤄내지 못한다. 자폐 학생은 더할 것이다. 자폐 학생의 사회성 문제, 감각처리 장애, 의사소통의 어려움은 이런 공백을 거대한 휴식 공간처럼 보이게 만들 수도 있기 때문이다. 따라서 아이가 교육받는 동안 그리고 성인이 될 때까지 성공적으로 가르치고자 한다면 강력한 팀 역학이 필요하다.

우리 가족의 기나긴 여정 초기에 나는 형편없는 팀워크를 목격하는 고통스러운 순간을 경험했다. 어쩌면 이것은 무척 시의적절한 경험이었는지도 모르겠다. 브라이스는 인근 학교에 설치된 '유아 조기개입 특수학급(발달 지연 및 장애가 있는 어린아이에게 언어 치료, 물리 치료 등의 발달 지원 서비스를 제공하는 유아 특수교육 – 옮긴이)'에 들어갔다. 자폐 스펙트럼 장애, 아스퍼거 증후군, 주의력 결핍 장애, 뇌 손상 등 다양한 사회적 의사소통 장애가 있는 아이들이 학급의 절반을 이뤘고, 나머지 절반은 동네 또래 친구들로 채워졌다. 동네 학교에 이런 학급이 있다는 것 자체가 우리에겐 큰 행운이었다. 브라이스가 유치원에 들어가기에 앞서 학교가 어떤 곳인지 잠깐이나마 미리 경험하는 기회가 될 수 있으리란 생각에 기뻤다.

하지만 한 초등반 교사가 우리 아이를 담당하는 보조교사에게 "이 아이들을 데리고 대체 무엇을 할 수 있으리라 기대하세요?"라고 대놓고 빈정거렸다는 말을 듣는 순간, 기쁨은 이내 실망감으로 바뀌었다. 설령 이 교사가 학교에서 그런 식으로 유독 가스를 내뿜는 유일한 사람이라 할지라도(물론 인식이라는 게 다른 사람에게 서서히 침투하는 성질이 있으므로 이 사람이 유일하리라 생각하지 않지만), 주변 사람들까지 함께 유독 가스를 들이마신다는 것을 의미했다.

나는 학교의 나머지 장소들을 더 둘러봤다. 은퇴가 얼마 남지 않은 교장이 피곤한 얼굴로 힘없이 걸어 다니는 모습이 보였다. 교사들은 대부분 의욕이 없었다. 1학년 학급은 학생 수가 32명에 이르렀고, 고질적인 문제 행동들은 그대로 방치되고 있었다. 나는 더 좋은 교육 환경을 찾기 위해 다른 학교를 알아봐야 했다.

마침내 우리 가족은 캐피톨 힐 학교(Capitol Hill School)를 찾아냈다. 그곳은 모든 학습자의 가치와 중요성을 반영하는 문화가 잘 형성된 곳이었다. 이곳의 교장은 비어 있던 교실을 유치부 특수교육 프로그램으로 채웠다. 학교 축구팀이나 관현악단은 없었지만, 대신에 자유 예산을 써서 개인 상담부터 소집단 토론, 사회 동역학(Social Dynamics, 집단 내 구성원간 상호작용과 집단이 행동에 미치는 영향 – 옮긴이)에 관한 수업까지 모든 것을 제공하는 아동발달 전문가를 상근직으로 고용하고 있었다.

'특별지도 학습실(Resource/Learning Center, 특수교육이 필요한 학생이 일반 학급에서 교육받을 때 별도로 개별적인 보충 교육을 제공하는 공간 – 옮긴이)'도 구석이 아니라 학교 중심에 있었다. 많은 아이가 도움을 구하기 위해 거리낌 없이 이곳을 찾았고, 이곳을 이용하더라도 그 어떤 낙인도 찍히지 않았다. 학교는 '소외되는 학생이 없는 학교'라는 장점을 강조했고, 어떤 형태든 '불친절 사례'가 발생하면 신속하고 단호하게 다뤘다. 학교는 모범적인 팀워크 정신으로 사회적 반향을 불러일으켰다.

브라이스는 7년 동안 이 학교를 다녔고, 해가 바뀔 때마다 필요에 따라 더 확장된 교육을 받을 수 있었다. 교사들은 브라이스를 무척 아꼈고, 교장 선생님도 필요할 때마다 브라이스의 편이 되었다. 브라이스는 익숙함에서 오는 편안함에 힘입어 매년 퇴보 없이 알찬 한 해를 보냈다. 통찰과 정보 공유의 중요성을 깊이 이해하고 있던 교사들은 올림픽 계주팀처럼 착실하게 브라이스를 한 학년에서 다음 학년으로 올려보냈다. 그들의 열정은 서로에게 전해졌고, 값진 성과로 이어졌다.

팀 역학을 결정하는 요소는 무엇일까?

어른으로서 우리는 '공통 과제를 성공적으로 해내기 위해 상호의존적 노력이 필요한 인간 집단'이라는 '팀의 정의'에서 멀리 벗어나지 않도록 주의해야 한다. 현명한 조치와 전략을 계획하는 것을 넘어 정치질, 성격 충돌, 손가락질, 남들을 향한 험담, 근거 없는 고정관념, 경직된 선입견에 휘말리는 것은 절대 좋은 팀 역학이 아니다. 자폐 학생에게는 여러 분야의 전문가로 구성된 효과적인 팀이 필요하다. 끊임없이 변화하는 학습의 순환 고리 안에서 팀 역학의 구성 요소는 크게 다음의 두 가지로 정의할 수 있다.

- 우리가 서로에게 하는 행동
- 우리가 서로를 대하는 태도

이 구성 요소의 성질에 따라 팀의 성격을 생산적인 팀 역학, 무관심한 팀 역학, 해로운 팀 역학으로 나눌 수 있다. 우리 각자에게는 세 가지 팀 역학 중 하나를 선택할 힘이 있다. 교사든 부모든, 자폐 학생을 가르치는 사람들과 함께 자폐 학생을 위해 생산적인 팀 구성원이 되기로 선택하는 것은 한 아이의 미래를 좌우하는 중요한 일이다.

그렇다면 생산적인 팀 역학을 만드는 것은 무엇일까? 가장 먼저 구성원 모두가 '전체는 부분의 합보다 크다'는 사실을 인지하기 때문에 수용할 수 있는 기본 원칙들이 좋은 팀 역학을 만든다. 만약 '전체가 부분의 합보다 크다'는 말이 사실이 아니라면 물 35리터, 탄소 20킬로그램, 암모니아 4리터, 적당한 양의 석회, 인, 나트륨, 황, 철, 실리콘, 그 외 몇 가지 미량원소가 있다면 우리는 인간을 만들 수 있어야 한다. 그러나 당연히 이것으로는 인간을 만들 수 없고, 그저 질척거리는 진흙 비슷한 것을 만들 수 있을 뿐이다. 즉, 부분의 합으로는 전체를 얻을 수 없다. 게다가 여기에는 약간의 생화학적 마법도 필요하다.

생산적인 팀 역학의 특징

내가 참여한 것이든 다른 사람이 참여한 것이든, 지금까지 본 '개별화 교육 프로그램(IEP)'이나 다른 형태의 학교 교육 프로그램을 운영하는 팀들은 대부분 확실한 리더가 있으면 성공하고 리더가 없으면 허우적거렸다. 생산적인 팀의 핵심에는 '양성자', 즉 양전하를 띤 리더가 있어야 한다. 리더는 팀 분위기를 정하고, 팀 내부 상호작용을 이끄는 잠재전류를 안정시키거나 유지하고, 최상의 성장 기회를 제공하는 공식과 과정을 마련한다. 누가 팀에 있어야 하고 누구를 팀에 포함할지, 누구를 내보낼지 결정한다. 즉, 아이에게 적합하지 않거나 더는 필요하지 않은 사람이 누구인지 정하는 것이 첫 단계이다.

많은 경우, 팀 구성은 IEP나 다른 공식 문서로 결정한다. 그렇지 않을 때는 대부분 보호자, 학급 교사, 특수교사로 팀을 구성하는데, 자폐 학생 대부분이 감각처리 문제나 사회적 의사소통 문제를 겪고 있으므로 작업치료사와 언어 병리학자까지 여기에 포함될 수도 있다. 이렇게 핵심 인원으로 꾸려진 강력한 팀에서 출발한 다음, 아이가 변화하고 성장함에 따라 팀 구성도 조금씩 바뀌거나 진화할 것이다.

가장 중요한 것은 소통이다

부동산에서 중요한 것이 첫째도 위치, 둘째도 위치, 셋째도 위치이듯 팀워크에서는 소통이 거의 전부라고 할 수 있다. 그렇다면 가정과 학교 사이의 소통은 어떻게 일어나야 할까?

| 상시 소통

가정과 학교 사이의 소통은 되도록 매일 일어나야 한다. 소통의 가치는 아무리 강조해도 지나치지 않다. 주말이나 공휴일, 기상 상황으로 인한 휴교일, 다른 일상적인 휴일은 물론이고 오후 3시부터 다음 날 아침 8시까지도 매우 긴 시간이다. 이 시간에 아이의 학교생활에 중대한 영향을 미칠 많은 일이 일어날 수 있다. 오후 3시부터 아침 8시까지는 보호자에게도 긴 시간이다. 아이는 온종일 무엇을 할까? 집에 돌아오면 아이들은 너무 피곤해서 대화를 원하지 않거나 대화할 수 없는 상태일 수도 있다. 그러므로 가정과 학교 사이의 주기적인 소통은 팀 구성원들끼리 서로의 노력을 지원하는 능력을 높여주고, 아이가 매일 일어나는 변화에 원만하게 대처할 수 있도록 일과에 일관성을 더한다. 상시 소통으로 어떤 문제는 피할 수 있고, 어떤 문제는 아예 싹부터 없앨 수 있으며, 가정과 학교에서 아이가 이룬 성취를 서로에게 알릴 수도 있다.

하지만 상시 소통에 지나치게 많은 시간을 소모할 필요는 없다. 핵심 내용만 간추린 문자 메시지나 이메일처럼 간단한 방법을 선택할 수도 있다. 의견을 덧붙여도 되고 덧붙이지 않아도 괜찮다. 디지털 기기에 쉽게 접근하지 못하는 가정에서는 매일 학생 편에 스프링 노트를 오가게 해서 소통하는 것도 좋은 방법이다. 중요한 것은 약간의 번거로움을 감내하면 불필요한 추측과 방어적 대응을 하지 않아도 되고, 모르고 지나치는 일도 줄일 수 있다는 것이다.

| 낱낱이 알리는 소통

교사인 친구가 학부모들에게 꼭 전해달라고 부탁한 말이 있다.

"교사가 학부모님의 자녀에 관해 모든 것을 안다고 생각하지 마세요. 교사들은 기껏해야 전년도 학교생활 기록만 가지고 있을 뿐이고, 개인적인 정보는 전혀 모를 겁니다. 학부모님이 우리에게 그런 정보를 제공하는 자원이 되어주세요. 프로그램을 연결하는 다리가 되어주세요."

당신이 교사나 부모라면 비자폐 학생들이 학교에서 있었던 일을 부모에게 잘 말하지 않는다는 것을 알 것이다. 자폐 학생의 경우 문제가 더 심각할 수도 있다. 학교에서 종일 감각처리나 사회성 문제와 싸워야 하고, 이해할 수도 이해하지 못할 수도 있고, 부응할 수도 부응하지 못할 수도 있는 끊임없는 기대를 처리하느라 온종일 정신을 바짝 차려야 하는 고된 하루를 보낸 후에 엄청난 피로를 느끼는 것은 말할 것도 없기 때문이다. 또한 그들은 정보를 말로 표현하고 순서대로 나열하고 일반화하기도 어렵다. 교사는 자폐 학생의 보호자가 학교에서 있었던 일을 좀 더 확실하게 알려 달라고 간청하게 만들지 않아야 한다.

| 교내에서 팀 구성원 간의 소통

생산적인 팀의 구성원들은 정보 공유와 아이디어 교환이 분업을 가능하게 만드는 것임을 잘 안다. 또한 가정과 학교 사이에서 공유한 정보와 관심사를 폭넓은 플랫폼을 통해 서로에게 전달한다.

학급 전체를 하나의 팀 또는 공동체로 인식한다

유능한 초등학교 교사 로네트 라이너스는 단호하게 말한다.

"학급 전체를 하나의 목표를 이루기 위한 팀 또는 공동체로 인식해야 합니다. 이것은 사회가 성공적으로 운영되는 방식이기도 합니다."

자신을 '교실 공동체'의 열렬한 옹호자이자 지지자라고 소개하는 라이너스는 "학생과 교사는 학습자 모두를 통합하는 책임을 공유하지 않는 이유가 있어서는 안 됩니다."라고 강조한다. 로네트의 말처럼 공동체의 구성원으로 일하는 법을 아는 것은 이 책에 소개하는 어떤 지식 못지않게 중요한 기술이다.

| 주기적인 격려와 보상을 장려한다

교사가 학생에게 제공하는 것뿐만 아니라 학생이 학생에게, 교사가 교

사에게 주는 격려와 보상도 장려해야 한다. 학생에게 자기 자신을 책임진다는 생각을 심어주는 것은 가르침의 최종 목표가 아니라 첫 단계여야 한다. 우리가 책임감 있게 행동할 때 삶은 우리에게 보상하지만, 협조적으로 행동할 때 우리는 더욱 온전하게 많은 이익을 얻을 수 있다. 학급은 보상이나 결과를 함께 거두는 팀이다. 어릴 때부터 팀 역학을 경험한 아이들은 어른이 되었을 때도 직장과 대인관계 그리고 시민으로서의 삶 전반에서 '팀으로 일한다면 가장 성공적인 환경을 만들 수 있다.'라는 교훈을 생활 전반에 적용할 수 있다.

| 서로 백지상태에서 대한다

학부모들은 이전 교사들이나 학교에 좋지 않은 경험이 있을 수도 있다. 하지만 어느 교사의 말처럼 '교사에 대해 알 기회를 얻기도 전에 전의를 불태우며 과거의 갈등과 문제를 투영하는 것'은 엄청난 역효과만 낼 뿐이다. '과거에 이런 일을 겪었기 때문에 당신과도 같은 일이 일어나리라 예상한다.'는 생각은 교사와 학부모 모두를 위험한 시나리오에 빠뜨릴 뿐이다. 교사들 역시 자폐 학생과 보호자와의 경험이 성공적이었든 좌절감을 느끼게 하는 것이었든, 과거의 일은 현재의 학생과 아무런 관련이 없다는 점을 머릿속에 늘 되새겨야 한다.

| 팀은 고정된 것이 아님을 이해한다

아이가 성장하고 변화함에 따라 팀도 진화할 것이고, 또 진화해야만 한다. 팀원 한 명이라도 상황이 '잘 돌아가지 않는 것 같다'라고 느낀다면

되도록 객관적으로 그 사람의 말에 귀를 기울여라. 새로운 환경, 새로운 구성원 또는 새로운 접근법으로 전환이 필요하다고 판단한 후에는 아이를 위한다는 공통된 마음으로 변화를 꾀하라. 그리고 되도록 중립적으로 평가하라. 아이가 현재 속한 반이나 상황에서 너무 힘들어한다면 더 좋은 환경을 찾아야 할 시간이다.

| 목표를 끝까지 관철한다

생산적인 팀은 아이가 자립적인 어른의 삶을 살아갈 수 있도록 준비시키는 과정이 부모와 교사가 해야 할 일임을 확실히 인식한다. 자립적인 어른의 삶에 영향을 미치는 요소가 단지 시험 점수나 성적표뿐만은 아닐 것이다. 교사 로네트 라이너스는 오늘날의 압도적인 '성적 위주 문화'에도 '그저 별생각 없이 정보를 내뱉는 꼬마 전문가가 되려고 학생들이 우리에게 지도받는 것이 아니라는 사실을 기억하라.'고 충고한다. 학생들은 교사의 안내를 받으며 한 해를 잘 보내라고 우리 손에 맡겨졌다. 그들은 새로운 기대가 가득한 다음 해가 올 때까지 한 학년 동안 진짜 삶을 대비하는 연습을 해야 한다.

무관심한 팀 역학의 특징

특수교육이 필요한 학생을 다른 사람의 책임으로 돌리는 태도가 '무관심한 팀 역학'의 특징이다. 이런 팀 역학에서 교사는 "내가 맡은 반에는

30명이나 되는 학생들이 있습니다. 그 학생은 특수지도교사(Resource Teacher, 일반 학급의 특수교육 필요 학생에게 하루에 일정한 시간 동안 별도로 보충 교육을 제공하거나 일반교사와 협력해 개별적으로 지도하는 교사 – 옮긴이)나 보조교사의 책임입니다."라고 말한다. 반면에 부모는 "나는 이 아이를 매일 먹이고 입힙니다. 여기는 학교입니다. 그러니 아이를 가르치는 일은 당신들이 하세요."라고 말한다.

아무리 좋은 팀이라 할지라도 구성원들이 어려운 과제를 해결할 때마다 의식적으로 또는 선의의 방임(Benign Neglect)으로 다른 사람에게 의지하기만 한다면 결국 팀은 해체될 것이다. 모든 구성원이 학생 개인에 대한 정보뿐만 아니라 장애 자체에 관한 적절하고 적용 가능한 정보를 제공할 때 팀은 흔들림 없이 유지된다. 자폐 스펙트럼 장애는 지식과 이해, 확인과 통합이 빠르고 가파른 상승세를 보이는 분야이므로, 모두가 뒤처지지 않을 가장 합리적인 방법은 오직 서로의 책임과 통찰을 계속해서 공유하는 것뿐이다.

'이만하면 괜찮은 것'에 만족한다

무관심한 팀 역학에서 교장은 "그 학생은 말을 할 줄 알잖아요? 언어 치료가 굳이 왜 필요합니까?"라고 묻고, 아이를 담당한 교사들은 "우리는 자폐 스펙트럼 장애를 이해하고, 아이는 조금씩 나아지고 있습니다. 그러니 그 이상의 훈련은 필요하지 않습니다."라고 말한다. 교사나 부모는 아이가 교실에서 수업을 방해하는 행동을 하지 않는다면 아무 문제도 없다고 생각한다. 그래서 왜 시간과 수고를 들여가며 '감각 프로파일 검사(아동이 일상생활 속 감각에 어떻게 반응하고 감각을 어떻게 활용하는지 감각처리능력을 확인하기 위한 평가 도구 - 옮긴이)'를 해야 하느냐고 반문한다. 혼자 노는 자폐 학생을 지켜본 보조교사는 아이 스스로 친구들과 어울리지 않는 선택을 했다고 단정 짓고, '사회적 촉진(Social Facilitation, 다른 사람이 같이 수행하거나 옆에서 지켜보면 개인의 성과가 향상되는 현상 - 옮긴이)'은 필요 없다고 말한다.

바퀴가 삐걱거리지 않는다고 해서 부드럽게 돌아간다는 의미는 아니다. 아이의 행동과 반응이 수업을 방해하지 않더라도 자폐 학생이라는 이유만으로 아이의 비전형적인 행동과 반응에 호기심을 가지기에 충분하다. 사실 아이에게 자폐 스펙트럼 장애가 있다는 명백한 단서가 있는데도 아이의 증상을 오인하거나 간과해서 장애가 겉으로 드러나지 않는 경우도 너무나 많다. 그 결과, 아이가 마땅히 받아야 할 감각 통합 및 사회적 의사소통 교육을 전혀 받지 못하고 방치되기도 한다.

지금은 자폐 학생의 교육에 관한 새로운 관점과 정보가 끊임없이 흘러나오고, 자신이 학생이었을 때의 경험을 자세히 묘사하는 성인 자폐인에게서 매우 귀중한 통찰을 얻을 수 있는 시대이다. 자폐 학생을 더 잘 가르치고, 더 현명하고 효과적으로 가르치기를 원하는 팀을 위해 정보는 충분히 준비되어 있다. 그런데도 이런 정보를 보고 듣지 않으려고 하는 일부 어른들의 안일함이 가장 큰 문제일 것이다.

사전 예방보다 사후 대응을 선택한다

문제를 예상하고 예방하기보다 문제가 발생하고 난 뒤에야 대응하는 태도야말로 학생과 교사 모두가 애쓴 결과를 축소하고, 교사의 가르치는 시간과 학생의 배우는 시간을 비효율적으로 사용하게 한다. 생존과 성장의 차이를 생각해 보라. 때로는 그 순간과 상황을 견디고 생존하는 것이 우리가 할 수 있는 전부일 때가 있다. "절대 포기하지 마!"라는 상투적인 말에 나는 "내려놓아라. 아니면 끌려 다닌다."라는 말로 대응해 왔다. 그런 일은 늘 있다. 교사들은 자신이 책임지고 있는 아이가 잘 성장하는 것을 확인하기 위해 교육 전문가로서의 이력을 끊임없이 되돌아봐야 한다.

자폐 학생의 소통 방식을 인정하지 않는다

좋은 팀 역학은 모든 구성원이 건강한 상호작용의 본을 보이면서 서로를 바람직한 행동으로 이끌 것을 요구한다. 교사 로네트 라이너스는 이렇게 말한다.

"비자폐 학생들은 만일 그래도 된다고 허락하기만 한다면 자폐 학생을 종종 거부할 겁니다. 그러므로 자폐 학생이 자기 방식으로 소통하려 할 때마다 교사는 학급 전체 앞에서 그것을 인정해야 합니다. 자폐 학생이 할 수 없는 것에 초점을 두기보다 할 수 있는 것을 강조해야 합니다. 그렇게 함으로써 모든 사람이 비슷하게 행동하는 것은 아니며, 차이를 받아들이는 것이 중요하다는 사실을 학급 전체에 전달할 수 있습니다."

모범적인 관행에만 매달린다

'늘 한다'와 '절대 안 한다'는 모두 절대성을 표현하는 말이다. 이 말을 부정하려면 예외가 하나만 있으면 되는데, 그 예외가 종종 자폐 학생이다. 일반적으로 통했던 '모범 관행'이나 훌륭한 대안이라 할지라도 각각의 독특한 자폐 학생을 고려해서 다시 검토해야 한다. 아무리 모범 관행이라 해도 억지로 모든 학생에게 적용한다면 그저 평범한 방법일 뿐이다. 오늘날 '증거 기반'의 모범 관행이라 불리는 것들은 누군가가 비표준적인 방법을 관찰하면서 시작된 것이다. 아무리 모범 관행이라 하더라도 어떤 환경에서 얼마나 오래 누가 실행하고 어떻게 결과를 평가할지 등 세부 사항을 생각하지 않고 아무렇게나 실행한다면, 또는 범위 밖에 있는 아이들에게 주의를 기울이지 않는다면 최상의 방법이라 할 수 없다.

자폐의 '스펙트럼 성질' 때문에 자폐 학생을 가르칠 때 모두에게 들어맞는 천편일률적인 프로그램이나 원리는 당연히 존재할 수 없다. 자폐 학생을 가르치는 일은 전형적인 발달 패턴을 보이는 비자폐 학생을 가르치는 일보다 훨씬 어려울지도 모른다. 같은 결과가 나올지도 불확실하다. 학생이 어릴 때는 결과를 얻기 위해 노력할 시간이 충분한 것처럼 보일 수도 있다. 사실 학창시절에는 학습 기회로 가득한 날이 많이 남아 있는 것처럼 보일 수도 있지만, 부모의 관점에서 보면 결정적인 순간들이 너무 빨리 찾아올 것이다.

큰아들 코노가 고등학교 마지막 학년을 보내던 해에 있었던 일이다. 주의력 결핍 장애가 있는 코노는 숙제와 프로젝트 과제, 수업 시간 토론에서는 어김없이 평균 이상의 성과를 보여줬지만, 시험은 이야기가 달랐다. 시험 결과는 번번이 아이가 얼마나 많이 알고 있는지를 정확히 담아내지 못했다.

코노가 1학년이었을 때 우리는 외부 교육 전문가에게 의뢰해서 코노가 어떻게 전형적인 학교 시험에서 요구하는 것과 다른 방식으로 정보를 저장하고 검색하는지 정식으로 입증할 수 있었다. 그런데 코노는 개별화 교육 프로그램 대상 기준에는 미치지 않았기 때문에 학교 상담 교사는 각 과목 교사들과 대안을 마련하는 것이 좋겠다고 조언했다. 그때 우리는 비표준 학습자를 수용하려는 노력과 태도, 의지가 교사마다 얼마나 다른지 알게 되었다. 어떤 교사는 시험보다는 숙제에 무게를 두는 데 동의했고, 어떤 교사는 격차를 메우기 위해 학점을 인정하는 추가 프로젝트를 제안했다. 또 어떤 교사는 구두시험을 치르는 것에 동의했다. 몇몇 교사는 아무런 반응도 보이지 않았다.

그중에서도 상반된 태도를 보이는 두 교사가 있었는데, 나는 학습 장애가 있는 코노의 시험에 관해서 어떤 편의를 제공해 줄 수 있는지 알아보려고 두 교사 중 한 명을 먼저 만났다. 이 교사의 대답은 "대학에 가고 싶다면 시험 보는 방법도 다른 학생들과 똑같이 배워야 합니다." 였다. 이 수업에서 코노는 가까스로 C학점을 받았다. 그리고 이 과목과 관련된 공부는 그것으로 끝이었다.

또 다른 교사는 경력 4년차 교사였는데, 아이의 특성에 맞는 시험 편의를 제공해 달라는 요청을 적극적으로 반영했다. 그는 "아이에게 필요한 게 있다면 무엇이든 돕겠습니다. 코노가 좋은 점수를 받지 못할 이유가 없습니다. 우리는 정말 재밌게 수업할 겁니다."라고 말했고, 정말 그의 말처럼 되었다. 코노는 이 수업에서 높이 날아올랐다. 대학에서도 이 과목을 전공으로 선택했고, 취업을 해서도 전공을 살려 일했다.

해로운 팀 역학의 특징

부정적인 태도, 전투적인 태도는 성공적인 팀 구성을 저해하는 주범이다. 교사든 부모든 툭 하면 싸우려는 태도는 자폐 학생을 발전시킬 수 있는 역량을 약하게 만들 뿐이다. 한 중학교 특수교사는 이렇게 말한다.

"우리는 적대적 대결이 아닌 동맹 관계여야 합니다. 모두 같은 방향을 보며 노력해야 하고, 우리의 공통 관심사는 오로지 학생이어야 합니다. 나와 당신의 대결이나 우리가 서로를 좋아하는지 아닌지가 핵심이 되어서는 안 됩니다."

교사와 부모가 서로를 깎아내린다

부모와 교사 사이에 흥미로운 쟁점 사항이 하나 있다. 교사들은 "무엇인가 잘못되었을 때 부모가 모두 학교 책임이라고 말한다면, 결과적으로 아이가 교사를 신뢰하고 학급 규칙을 준수하고 궁극적으로 학습할 수 있는 능력이 훼손되고 말 겁니다."라고 학부모들에게 말하고 싶어 한다. 반면에 부모들은 "선생님이 묘사하는 아이의 행동이 집에서 보는 것과 전혀 달라서 믿기 어렵습니다. 아이의 행동이 누군가가 불친절하게 대했거나 필요한 것을 얻지 못해서 생긴 반응인지 어떻게 알 수 있습니까?"라고 교사에게 말하고 싶어 한다. 이 얼마나 다루기 어려운 견해차인가!

아이를 어른들의 줄다리기 한가운데 두어서는 안 된다. 어떤 상황이든 항상 남의 잘못일 리가 없듯이 항상 한쪽의 잘못일 리도 없다. 감정이 예민해지는 정보를 접했을 때는 교사와 부모 모두 한발 물러서서 되도록 객관적으로 서로의 말을 들어야 한다. 부모들은 학교에서 아이가 집에서 하는 것과 다른 행동을 보이는 경우가 얼마나 많은지 알아야 한다. 반대로 교사들은 아이가 집에서는 학교에서 하는 것과 다르게 행동할 수 있음을 이해해야 한다. 비록 처음에는 서로의 말에 방어적인 반응을 보일 수 있고 그러는 것이 자연스럽고 당연하지만, 상대방의 말에 즉각적으로 반응할 필요가 없다는 사실을 기억하자. "처음 듣는 이야기입니다. 좀 더 생각해 봐야겠네요. 나중에 연락드리겠습니다."라고 대응해도 괜찮다.

적극적인 것과 공격적인 것의 차이를 구별하지 못한다

적극적으로 자기주장을 펼치는 것과 공격적인 것의 차이가 종종 화를 일으키는 원인이 될 때가 있다. 일방적인 분노에는 늘 대가가 따른다. 무턱대고 상대방을 공격하려 하면 신뢰를 잃고, 잠재적으로 중요한 정보도 잃기 쉽다. 교사들은 단호하면서도 공손하고, 자녀에 대해 박식하고 유능한 옹호자가 될 수 있는 부모를 환영한다. 한 초등학교 특수지도교사는 이렇게 말한다.

"이상적인 세계에서라면 나는 시스템에 관해서 그리고 그 시스템을 아이에게 이롭게 이용하는 방법에 관해서 내가 알고 있는 내부 관점이나 비밀 정보를 학부모와 공유하기를 원할 겁니다. 하지만 학부모가 나를 무시하거나 내 일을 위협하기 위해 그 정보를 사용하려는 것을 어떻게든 알아차린다면 당연히 정보를 공유하지 않을 거예요."

부모에게는 또 부모의 입장이 있다. 부모들은 이렇게 말한다.

"경험에 비추어 보면 분명 우리 아이에게 효과가 없을 것 같은 방법인데도 다른 아이들을 가르칠 때 효과가 있었다며 그 방법만 고집하는 교사들을 자주 봅니다. 우리는 교사들이 시간과 노력을 허비하지 않도록 도울 수 있어요. 하지만 만약 학교에서 우리 아이에 대한 교육 지원을 줄이려고 내 정보를 이용하려 한다는 것을 알게 된다면 나는 입을 다물 수밖에 없습니다. 그동안 우리 아이는 제자리걸음만 하게 되니까요."

한 6학년 학급의 교사는 학습 시간 손실이라는 대가를 치러야 하는 것을 안타까워하며 이렇게 말한다.

"절차 문제에 시간을 들인다는 것은 곧 실제로 가르치는 시간이 줄어든다는 말입니다. 툭 하면 싸우려고 드는 학부모가 있다면 이것은 교사가 실제 수업이나 수업 준비와 연구, 수업 계획, 전문 독서 같은 학생들에게 이득이 되는 활동에 몰입하기보다 학부모와의 대립을 예상해서, 즉 문제가 생길 경우를 대비해서 일상적인 수준 이상으로 업무를 기록하고 자신을 방어하는 데 시간을 보내야 한다는 의미입니다."

이것 역시 양쪽의 입장이 있다. 한 어머니는 이렇게 말한다.

"나는 비협조적인 학교에 개별화 교육 프로그램 기준을 준수해 달라고 요구하기 위해 전화나 편지, 회의 등에 시간을 쓰는 것을 생각조차할 수 없습니다. 그 시간이면 차라리 아이에게 책을 더 읽어주고, 숙제를 도와주고, 함께 그림을 그리고, 놀이를 하거나 대화를 나누며 보낼 수 있습니다. 이것이 우리 모두에게 더 이로운 일일 겁니다."

'우리 모두에게 이롭다.'는 말이 잘 보여주지 않는가? 훌륭한 팀은 저절로 만들어지는 것이 아니라 신중하게 꾸려지는 것이다. 그것은 평생 학습자이자 교사인 우리가 각각의 색실이 되어 만드는 태피스트리와도 같다. 태피스트리의 뒷면을 보라. 수많은 색상의 길고 짧은 실이 수백 개는 보일 것이다. 많은 실의 시작 부분은 다른 실 밑에 묻혀 있고, 끝부분은 적당한 크기로 잘려 아래로 늘어져 있다. 우리 모두 그 안에 함께 있다. 부모나 양육자들은 온갖 프로그램과 치료법, 강사들의 소용돌이 속을 헤쳐 나가고 있고, 교사들은 해마다 밀물과 썰물처럼 오가는 아이들의 바다에 내던져진다. 자폐 스펙트럼 장애나 다른 질병, 경제적 문제를 겪는 아이들뿐만 아니라 전형적인 발달을 보이는 아이들도 급류에 함께 떠내려가는 것은 마찬가지다.

어쩌면 태피스트리의 뒷면은 손볼 도리가 없는 혼돈 자체로 보일 것이다. 그러나 앞면으로 뒤집어보면 혼돈은 온데간데없다. 바늘땀 하나하나가 개별적인 것처럼 보이지만 전체를 이루는 데 꼭 필요하고, 그것들이 모여 아름다운 작품이 된다. 자폐 학생을 둘러싼 태피스트리 팀은 단순한 색실의 합을 넘어 하나의 예술 작품을 창조할 수 있다.

나에게 의미 있는 방식으로 가르쳐 주세요

밀레니얼 세대 아이들은 부모 세대가 디스크, 무선전화, 컴퓨터, 스트리밍, SNS가 없는 시대에 성장했다는 사실에 재미있어해야 할지 경악해야 할지 모르겠다고 생각할 것이다. 내가 처음으로 컴퓨터를 갖게 된 '컴퓨터 개척기'에 사람들은 애플 매킨토시 아니면 IBM PC(줄여서 PC)를 가지고 있었다. 매킨토시와 PC는 미국의 유명한 원수지간인 해트필드 가문과 맥코이 가문(미국 남북전쟁 직후 이권을 둘러싸고 오랫동안 반목하던 두 집안 - 옮긴이)의 테크놀로지 버전이다. 매킨토시와 PC는 서로 대화하지 않았고 대화할 수도 없었다. 생각하는 것도 완전히 달랐다. 자폐 학생은 IBM PC가 대부분을 차지하던 초창기의 매킨토시와도 같다. 그들은 선천적으로 다르게 행동한다. 틀린 것도 아니고, 이상한 것도 아니고, 부자연스러운 것도 아니다. 그저 다른 것일 뿐이다.

매킨토시와 PC는 운영 체제가 호환되지 않기 때문에 서로 소통할 수 없었다. 매킨토시의 아키텍처(컴퓨터 시스템 구조)와 명령 구조는 모든 면에서 PC와 전혀 다르다. 만일 둘 중 어느 하나의 운영 체제를 평생 사용해 온 사람이라면 컴퓨터 사용에 어느 정도 자신 있다고 생각할 것이다. 이런 사람들은 익숙하지 않은 운영 체제를 다루려고 하면 얼마나 생소하게 느껴질지 모를 수도 있다. 하지만 나는 잘 알고 있다.

브라이스가 3학년이 되어 재키 선생님 반에 들어갔을 때였다. 나는 학생들이 쓴 글을 컴퓨터 파일로 옮기는 1년 간의 프로젝트에 자원했다. 퇴근 후 집에서 작업할 생각이었는데, 알고 보니 집에 있는 PC로는 이 일을 할 수 없었다. 학교에 있는 매킨토시로만 할 수 있는 작업이었기 때문이다.

내가 정복하지 못한 학습 곡선에 관한 자세한 이야기는 생략하겠다. 나는 프로젝트 수행을 위해 여러 주 동안 매킨토시 운영 체제를 충분히 배웠다고 자부했지만, 새로운 언어와 명령어 장애물에 부딪히고 말았다. 재미있는 프로젝트가 되리라 기대했던 일은 불안한 마음에 이를 악물고 해야 하는 작업이 되어버렸다. 15년 동안 매일같이 PC로 일하면서 윈도 운영 체제가 내 머릿속에 너무 깊이 자리 잡혀 있었으므로, 잠시 그것을 제쳐두고 다른 방식으로 생각하는 운영 체제와 상호작용하는 법을 배우는 것이 무척 곤혹스러웠다. 나의 작업 처리 속도는 그야 말로 바닥을 기어가는 수준이었다.

자폐 학생의 사고 체계를 이해한다는 의미

자폐 스펙트럼 장애에 해당하지 않는 대부분의 사람과 비교해서, 뇌 구조와 기본적 사고 체계가 완전히 다른 자폐 학생의 삶에 들어온 것을 환영한다. 매킨토시와 IBM PC는 1980년대에 처음 나왔다. 2000년대 초반까지 두 컴퓨터의 호환성 문제는 해결되지 않았다. 다행히 그 이후의 기술 진보 덕분에 지금은 매킨토시와 PC의 차이가 과거만큼 크지는 않다. 그런데 이 두 유형의 차이가 가져올 가치를 제대로 이해할 만큼 우리의 사고 역시 유연해졌을까? 자폐 학생의 뇌가 주변 세상을 처리하는 다양한 방식을 이해하는 것은 이른바 '정상'이라 불리는 것에서 적극적으로 벗어나는 것이므로, 그 자체만으로도 큰 도전이 될 수 있다. 특히 사회적 정보 처리와 사회적 의사소통 영역은 그 차이의 간극이 매우 크게 벌어져 있다.

우리는 친목 중심 사회에서 살아간다. 우리는 대부분 비슷한 방식으로 사회적, 환경적 정보를 배우고 처리한다. 우리의 비자폐적 사고 패턴은 다양한 경험을 겪으면서 자연스럽게 공유되고 강화된다. 어른들은 아이들이 일반적인 발달 과정을 통해 사회성을 배우리라 가정한다. 구체적으로 가르치지 않더라도 대부분 사회적 지식이 싹트고, 꽃 피우고,

번성하리라 기대한다. 근본적으로 완전히 다른 뇌 처리방식을 이해하려면 기존에 알던 모든 것을 중단하고 이전에는 존재하는지도 몰랐던 세상으로 걸어가야 한다. 여기에는 큰 용기가 필요하다. 그러나 우리의 목표가 자폐 학생을 가르치는 유능한 교사가 되는 것이라면 반드시 가야만 하는 곳이다.

이런 노력은 뇌의 회로 배선과 학습 욕구를 구분하는 중대한 일에서부터 시작된다. 회로 배선이 다른 것은 학습 욕구와 아무런 관련이 없다. 어떤 학생들은 '조망수용(Perspective Taking, 자신의 관점과 타인의 관점을 구분하여 타인의 생각을 그 사람의 관점에서 이해하는 능력 – 옮긴이)' 환경을 조성할 수 있도록 뇌 회로가 연결되어 있을 것이고, 어떤 학생들은 그렇지 않을 것이다. 대부분의 학생들은 개인적 한계 내에서 향상될 수 있지만, 학생이 자신의 아키텍처를 통해 스스로 의사소통 수단을 확립하지 못한다면 학생의 능력 한계가 어디까지인지 알 수 없을 것이다.

브라이스의 3학년 교실에 있던 애플 매킨토시는 쓸모없거나 장애가 있는 물건이 아니었다. 컴퓨터가 실패한 게 아니라 내가 실패한 것이었다. 나는 매킨토시의 운영 체제를 이해하지 못했고, 매킨토시가 처리할 수 있는 형식으로 데이터를 입력하지 못했다. 이와 마찬가지로 우리는 자폐 학생이 '오로지 더 열심히 노력할 때 해낼 수 있다.'라는 생각을 완전히 벗어던져야 한다.

《학교에서 길을 잃다(Lost at School)》와 《아이의 대역습(The Explosive Child)》을 쓴 아동 심리학자 로스 그린Ross W. Green은 많은 사람이 공감하는 '아이들은 할 수 있을 때가 되면 저절로 잘한다.'라는 의견을 내놓았다. 아이들이 주변에서 일어나는 일을 처리하고, 사회적으로 기대되는 방식으로 대응하고, 상황에 맞춰 의사소통할 수 있는 기술을 습득한다면 무엇이든 잘할 수 있다는 의미다. 하지만 자폐 학생을 가르칠 때는 이런 생각을 버려야 한다. 우리는 '아이만의 학습 양식(Learning Modality)'이라는 렌즈로 상황을 관찰하면서 아이에게 더 적합한 방법을 찾기 위해 노력해야 한다.

아키텍처의 차이는 비평적 사고(분류, 비교, 응용), 집행 기능(주의력, 기획력, 기억력 기능), 사회적 화용 능력(조망수용능력)에 영향을 미친다. 많은 자폐 학생의 뇌 회로 배선에 이 능력들이 빠져 있다는 사실을 알고 있는가. 그러나 다정하고 일관된 교육과 코칭을 받는다면 자폐 스펙트럼 장애가 있는 많은 학생도 또래나 형제들과 비슷한 수준까지는 아니더라도 처음과 비교해 사교 능력과 집행 기능이 향상되고 기능적으로 더 유연한 사고와 대화가 가능해진다. 우리의 목표는 자폐 학생들이 주변 세상을 '문제 해결 접근 방식'으로 관찰할 수 있고, 사람들의 사회적 행동 이면에 담긴 '이유'를 이해하고, 자신의 사회적 목표를 달성할 수 있도록 다른 사람과 소통할 수 있게 하는 것이다.

자폐를 가진 동물학자 템플 그랜딘Temple Grandin 박사와 자폐를 가진 리포터 숀 배런Sean Barron의 공저서 《자폐인의 세상 이해하기: 사회적 관계에 관한 불문율(Unwritten Rules of Social Relationships)》같은 책과 나중에 소개할 제니퍼 매킬위 마이어스(어릴 때부터 아스퍼거 증후군을 겪은 작가이다.)의 통찰력 있는 이야기는 자폐 스펙트럼 장애가 있는 아이들이 비자폐인들의 세상을 어떻게 헤쳐 나가야 하는지를 생생하게 설명한다. 어떤 이들에게는 이 접근법이 다소 냉정해 보일 만큼 극도로 논리적일 것이다. 또 어떤 아이들은 사회에 어떻게 적응해야 하는지 기본적으로 이해가 부족한 상태에서 용감하게 사회에 적응하려고 시도하느라 감정적 동요로 가득 찬 여정을 시작해야 할 것이다. 자폐 스펙트럼 장애가 있는 아이들도 각각 다르다. 어떤 아이도 비슷하지 않다. 하지만 그들의 이야기에는 공통점이 하나 있다. 바로 그들을 가르친 교사가 끝까지 버티고 성취하려는 의지를 심어주었거나 아니면 그런 의지를 처음부터 완전히 꺾어버렸다는 사실이다.

자폐 학생의 정보 처리 방식은 어떻게 다를까?

자폐 학생에게는 모든 날이 의사소통과 관계 형성의 패턴을 이해하고, 자신의 뇌에 매우 낯설 수도 있는 기능적 의사소통과 관계 형성 기술을 배울 수많은 기회가 된다. 자폐증이 스펙트럼 성질을 가지고 있음을 늘 기억하자. 다음에 서술하는 특징은 자폐 학생에게 공통적으로 나타나는 것이지만, 가벼운 것부터 심한 것까지 양상은 매우 다양하다.

하나뿐인 학습 채널

다양한 소리가 존재하는 이 세상에서 자폐 학생들은 보통 채널이 하나뿐인 뇌 회로 배선을 갖고 있는 셈이다. 자폐 학생들은 자신에게 가장 효과적인 하나의 학습 지능을 통해 거의 모든 정보를 처리할 것이다.

학습 채널은 대부분 시각이나 촉각이고, 비교적 흔하지 않지만 청각일 수도 있다. 자폐 학생들은 동시에 발생하는 다중 감각 양식을 처리하기 어려워한다. 예를 들어, 그들은 경청할 수도 있고, 몸을 움직이는 활동에 참여할 수도 있고, 말을 할 수도 있지만 한 번에 두 가지 이상의 일을 하라고 하면 머뭇거릴 것이다.

수업시간에 설명을 들으면서 동시에 필기하거나 눈을 맞추면서 대화하는 것도 어려워할 수 있다. 많은 성인 자폐인도 여러 과제를 동시에 수행하는 것은 신체적으로 고통스럽고, 구토가 나올 만큼 충격적이고, 몸이 마비되는 느낌이 들게 한다고 설명한다. 2017년 미국 국립보건원 연구에 참여한 한 자폐인은 이 경험을 '건전지 끝을 혀로 핥는 것처럼 완전히 소름 끼치는 일'이라고 묘사한다.

비자폐 학생의 뇌에서 일어나는 매끄러운 감각 통합이 자폐 학생의 뇌에서는 보통 일어나지 않는다. 시각에서 청각 그리고 다시 청각에서 시각으로 바뀌는 감각 형식의 전환도 감각의 통합 못지않게 어려운 일이다. 게다가 유리창 틀에 앉은 파리의 윙윙거리는 소리, 창밖 쓰레기차가 부르릉거리는 소리, 복도 저편에서 밴드가 연습하는 소리 등으로부터 교사의 말소리를 구별할 수 있어야 하지만, 집중을 방해하는 감각 정보를 걸러내는 일이 자폐 학생에게는 매우 어렵다.

정보 여과 능력의 결핍과 더불어 한 가지 채널만 이용하는 감각처리 방식은 자폐 학생의 초집중 현상이나 반복적 행동의 원인이 될 수 있다. 혼란스러운 감각 정보의 공세 속에서 아이들은 육체적으로, 정서적으로 쉽게 지치고 만다. 하나에 집중하거나 특정 행동을 반복하는 것은 스스로를 진정시키고 달래기 위한 자기조절 기술이다. 이것이 대부분의 자폐 학생이 알고 있는 '자신을 방어하기 위한 유일한 대응 방법'이다.

자폐 학생에게 가르쳐야 할 것들

비자폐 학생의 뇌에서는 일반적인 것에서 구체적인 것의 순서로 사고가 일어난다. 하지만 자폐 학생의 사고는 구체적인 것에서 일반적인 것의 순서로 일어난다. 이 둘의 차이가 얼마나 큰지 생각해 보라. 자폐 학생이 받아들인 정보의 조각은 뇌에 있는 분리된 상자 안에 각각 존재한다. 비자폐 학생의 경우, 정보는 노력하지 않아도 자연스럽게 상위 범주와 하위 범주 그리고 더 세밀한 하위 범주로 분류된다. 생각해 보라. 당신은 바나나, 사과, 포도, 수박이 과일이라 불리는 범주를 구성한다는 것을 의식적으로 배워야 했는가? 분명 그렇지 않았을 것이다. '과일'이라는 범주를 배우지 않고도 저절로 이해했을 것이다.

우리의 뇌는 흡수한 정보를 체계적으로 정리하고 상호 참조도 한다. 하지만 자폐 학생은 그렇지 않다. 그들에게는 범주적 사고가 어렵다. 그러므로 별도로 가르쳐야만 한다. 그들의 뇌는 관련 없는 정보로 가득 찬 휑뎅그렁한 창고와 같다. 교사로서 당신은 자폐 학생들이 모든 정보를 정리하고 분류해서 이름을 붙이고 관련 정보끼리 연결 짓는 법을 배울 수 있게 도와야 한다. 그들에게 '범주 기반의 사고법'을 가르치는 것이 그 출발점이다.

나이 어린 학생이 알고 있는 범주는 그 수가 적고 서로 무관할 수도 있다. 따라서 학생들은 질문에 대답할 때 어렴풋하게만 관련 있는 대답을 할 때가 종종 있을 것이다. 어떤 정보가 머릿속 범주 중 하나에는 들어가야 하는데, 어린 학생에게는 새로운 정보를 집어넣을 범주의 수가 제한되어 있다. 시간이 지나면서 사회적 행동의 동기와 의도, 이유 같은 무형의 것과 유형의 것을 비교하고 대조하는 법을 배우고, 더 많은 정보를 수집했을 때 복잡한 정보를 범주로 분류하고 다른 더 큰 범주로 묶는 법을 배운다면 아이의 정보 조직 능력이 점차 발달하고 확장될 것이다.

자폐 학생 뇌의 구조적 특징을 이해하기 위해 곰곰이 생각하다 보면, 다른 어떤 사고에도 속하지 않고 독립적으로 존재하는 머릿속의 모든 정보 조각을 생각해 내는 것이 너무 버겁다고 느껴질 것이다. 정보를 체계적으로 정리하고 연상하는 능력이 없다는 것은 어떤 느낌일까? 그러니 자폐 학생이 학습에서 어려움을 겪는 것은 당연한 일이다.

자폐 학생에게는 범주화만큼이나 만만찮은 문제가 하나 더 있다. 그들에게는 정보를 일반화하는 능력이 부족하다. 앞에서 이야기했듯이 자폐 학생에게는 모든 새로운 경험이 다른 것과 단절된 상태에서 존재할 수 있다. 이들에겐 '전체'라는 것이 없다. 즉, 다르지만 관련 있는 생각이나 경험들을 포괄하는 기술이 없다. 그들은 방법을 배우기 전까지는 이전 경험이나 지식에 맞춰 새로운 경험을 일반화하지 못한다.

뉴욕시 메인가와 스미스가 교차로에서 안전하게 길을 건너는 법을 가르쳐도 23번가와 존슨 드라이브 교차로에 서 있는 상황에서는 배운 것을 저절로 적용하지 못한다. 그들의 사고방식으로는 같은 것이 아니기 때문이다. 그러므로 범주로 분류하는 법을 가르쳐야 한다. 색깔, 옷,

자동차 같은 구체적인 범주부터 시작하고, 그다음에 기능이나 인접성 같은 덜 구체적인 범주나 기분과 표정 같은 사회적 범주로 확대해야 한다. 하나의 물건이 하나의 범주 혹은 여러 범주에 속하지만 다른 범주에는 들어맞지 않는 이유도 설명해야 한다. 아이가 유사점과 차이점을 비교하고 대조하게 하라.

개념을 적용하는 법도 가르쳐야 한다. 범주가 개념을 나타낼 수 있고, 정보가 서로 관련 있을 수 있고, 특정 상황과 사람, 사물에 대해 알고 있는 지식을 다른 상황이나 환경에서도 적용할 수 있다는 점을 이해시켜야 한다. 또한 원인과 결과를 파악하는 법도 가르쳐야 한다. 정보처럼 사람과 사물의 작용과 반작용도 따로따로 존재하는 게 아니라는 점, 사람이나 사물 사이의 관계는 선택의 영향을 받을 수 있다는 점을 가르쳐야 한다. 이때 구체적인 예를 가지고 시작해서 점차 확장해 나가라. 합금으로 만든 장난감 자동차를 빗속에 그냥 두면 녹슬 것이고, 친구를 때리면 그 친구는 다음부터 함께 어울리려고 하지 않을 것이고, 친구를 무시하면 친구의 기분이 상할 것이다. 이처럼 작용이 있으면 반드시 반작용이 있다. 우리는 행동의 결과 중 많은 것들을 통제하고 그것에 영향을 미칠 수 있다. 이런 통제력을 갖는 것이 멋진 일이라는 점도 함께 가르쳐라.

배우려면 눈으로 봐야 한다

많은 자폐 학생이 시공간 학습자(Visual-spacial Learner, 환경 속 시각적·공간적 정보를 관찰 및 분석함으로써 학습하는 사람 – 옮긴이)이다. 즉, 말보다는 그림이나 시각적 이미지로 생각한다는 의미이다. 이 아이들은 이렇게 말할 것이다.

"나는 배우려면 그냥 듣기만 하는 게 아니라 눈으로 직접 봐야 해요. 나에게 말은 대부분 수증기 같은 거예요. 존재한다는 것은 알지만, 이해할 기회가 생기기도 전에 사라져 버려요. 내가 정보를 처리하려면 대부분의 반 친구들보다 많은 시간이 필요해요. 말로 하는 설명이나 지시는 순식간에 왔다가 사라지니까요. 나에겐 짧은 시간에 정보를 처리할 수 있는 기술이 없어요. 하지만 정보가 시각적으로 제시된다면 그것은 내가 충분히 생각하고 이해할 때까지 내 앞에 머물러 있어요. 그렇게 하지 않으면 나는 선생님이 가르치려는 것의 많은 부분을 놓치고, 선생님이 나에게 기대하는 것을 할 수 없고, 아무것도 할 수 없다는 생각 때문에 계속 좌절감을 안고 살아가야 해요."

덩어리로 정보를 흡수한다

자폐 학생은 비교적 보편적으로 여기는 분석적·단계별 학습이 아닌, 덩어리로 정보를 흡수하는 '게슈탈트 방식(어떤 대상을 개별적 부분의 조합이 아닌 완전한 구조를 지닌 전체로 인식하는 학습 방식－옮긴이)'으로 학습하는 학습자일 수도 있다. 그들은 자기가 할 수 없는 기술이나 과제를 다른 아이들이 습득하고 수행하는 과정을 옆에서 지켜보고 또 지켜본다. 그러다가 어느 날 갑자기 일어나서 그것을 하기 시작한다. 언어 발달도 같은 방식으로 이뤄진다. 한 번에 한 단어씩 배우기보다 암기한 대사나 말 덩어리를 반향어(Echolalia, 다른 사람의 말을 반사적으로 그대로 따라하거나 반복하는 현상 – 옮긴이)로 말하기 시작할 것이다.

이처럼 정보를 통째로 처리하는 것은 전체를 이루는 부분에 추론적 의미를 부여하는 능력을 망가트린다. 아이는 미국 국가나 캐나다 국가를 부를 수 있을지는 모르지만, 국가가 무엇인지에 대한 개념은 없을 것이다. 안타깝게도 대부분의 학교 교육과정은 분석적 학습 구조를 기반으로 만들어져 있으므로, 게슈탈트 방식으로 배우는 자폐 학생에게는 최적의 교육이 아니다. 비록 아직까지는 게슈탈트 학습이 널리 인정되고 있지는 않지만, 절대 무시할 만한 학습법이 아니며, 대부분 유효하고 효과적인 학습법이다.

반복하고 또 반복해야 한다

자폐 학생의 행동은 종종 지나친 까다로움과 초집중으로 특징지을 수 있다. 그래서 경직성과 반복성을 보인다. 반복적이고 똑같은 행동에 극단적으로 의존하는 것은 변화를 처리하기 어려워하는 뇌 구조로 인한 결과이다. 예를 들면, 학교에 갈 때 우회로를 선택하거나, 대체 교사가 들어오거나 자리가 바뀔 때처럼 예상했던 것에서 조금만 상황이 바뀌어도 도미노처럼 그날 하루 전체 일과에 영향을 미치는 인지적 혼란을 겪을 수 있다. 자폐 학생은 이렇게 말할 것이다.

"내 행동과 사고가 유연하지 못하다고 생각할지 모르겠지만, 나에게 반복적인 일과는 남들이 당연하게 여기는 소소하고 일상적인 것들을 처리할 수 있게 해주는 생명선과도 같아요. 나의 하루를 구성하는 요소들이 매번 같다는 것을 안다면, 끊임없이 변화하고 예측 불가능해서 당혹스러운 세상에서 느끼는 불안에도 잘 대처할 수 있어요. 나는 선생님과 소통하고 주변 환경과 상호작용하는 법을 배우고 싶어요. 그러니 내가 느끼는 두려움을 존중하고, 천천히 틀에서 벗어날 수 있게 해주세요. 내가 환경에 더 잘 견딜 수 있는 기술을 익힐 때까지요. 내가 잘 배울 수 있도록 선생님이 환경을 조정하는 법을 익힐 때까지요. 내가 안전하다고 느끼는 범위 내에서 유연함의 이점을 이해할 수 있도록 실용적이고 구체적이고 직접적인 경험을 제공해 주세요. 아기가 한 걸음씩 발을 내딛듯이 천천히 경직성에서 벗어날 수 있도록 도와주세요."

자폐 학생에게 유연하고 조화롭게 사고하는 법을 가르치기 위해서는 반복하고 또 반복해야 한다. 빈번하고 점증적인 연습기회를 교사가 세심하게 계획한다면 학생은 바닥을 치지 않고 삶의 작은 과속방지턱을 넘는 법을 배울 수 있다. 학생이 지나치게 까다롭고 과도하게 집중하는 경우라면 말과 행동으로 다음을 가르쳐라.

- 상황을 보는 방식은 하나만 있는 것이 아니다.
- 문제의 해법은 하나 이상일 수 있다.
- 아이디어는 여러 가지 방식으로 표현하거나 교환할 수 있다.
- 옳은 방법은 하나만 있는 것이 아니다.
- 의사소통에는 우리가 보고 듣는 것 이상의 의미가 있다.

또한 학생에게 플랜 B나 플랜 C 또는 플랜 D를 갖췄을 때 어떤 힘이 생기는지 가르쳐라. 궁금한 것들에 관해 망설이지 않고 질문할 때 문제 해결이 더 쉬워진다는 것도 가르쳐라(이것에 관해서 7장에서 더 자세히 다룰 것이다). 언제 도움을 요청해야 할지 아는 것이 답을 제대로 얻는 것만큼 중요하다는 사실도 가르쳐라. 예측 불가능성도 사회적 상호작용의 일부이고, 우리의 삶에 꼭 필요한 부분일 뿐만 아니라 때로는 예상치 못한 재미와 즐거움을 더해줄 수 있는 요소임을 가르쳐라.

숨은 뜻이나 추상적 개념을 이해하지 못한다

많은 자폐 학생이 상황을 곧이곧대로 이해한다. 말을 정말 액면 그대로 받아들인다는 의미다. 예를 들어, 신속한 이동을 위해 아이들에게 "다리 좀 빨리 움직여."라고 말했을 때 아이가 다리를 떨더라도 놀라지 마라. 아이는 당신에게 반항하는 게 아니라 단지 지시를 따르는 것뿐이다. 실생활 속에서 이런 예는 차고 넘친다. 한 엄마가 차 뒷좌석에 앉은 딸에게 창문을 조금 열라는 의미로 "창에 틈을 좀 내어봐."라고 했더니 딸아이는 "정말 창을 깨도 돼요? 알았어요."라고 대답하고선 가방을 세게 던졌다고 한다. 은유나 관용어, 비유적 표현은 이들의 사고 체계에 포함되어 있지 않으므로 구체적으로 가르쳐주지 않으면 안 된다.

그러므로 학습 내용을 요약하거나 종합하고 주제를 고르는 수업 활동이 자폐 학생에게는 어려울 수도 있다. 단편적으로 생각하는 특성은 정보를 검색하는 방식에도 영향을 미친다. 자폐 학생은 선다형 문제나 맞는 것끼리 연결하기 퀴즈 같은 질문에는 잘 응답할 수 있지만, 자유로운 회상이 필요한 과제에 대해서는 프롬프트Prompt(응답을 유도하거나 상기시키기 위한 질문이나 정보 - 옮긴이)나 단서 제공 같은 도움이 없으면 매우 어려워한다.

이런 특징을 보여주는 생생한 예가 브라이스의 사회과목 시험이었다. 미국 지도에 각 주의 이름을 채워 넣는 시험에서 브라이스는 매우 낮은 점수를 받았다. 나는 아이의 시험공부를 도왔기 때문에 그 점수가 브라이스의 실제 지식을 반영하지 못했다고 확신했다. 다행히 담당 교사는 재시험을 치르는 것에 동의했다. 그는 각 주의 첫 글자가 적힌 지도를 주면서 "네가 알고 있는 것을 어떤 식으로 전달하든 상관없어. 네가 얼마나 알고 있는지 알고 싶구나."라고 말했고, 정말 모르는 문제였다면 아무 도움이 되지 않았을 최소의 프롬프트가 주어지자 브라이스는 A를 받았다.

단편적으로 사고한다는 것은 상급반에서 다루는 추상적 개념과 그룹 분류가 자폐 학생에게 꽤 어려울 수 있다는 말이다. 이 아이들은 동물원의 동물, 트럭의 종류, 채소 같은 구체적 주제의 범주는 생각해 낼지 모르지만 회전하는 것, 재채기를 일으키는 것, 물속에 사는 것과 같은 추상적인 범주나 행복하게 하는 것, 반대되는 것, 사치스러운 것과 같은 모호한 범주는 생각해 내기 매우 어려울 것이다.

모든 사람이 자기처럼 생각한다고 여긴다

자폐 학생은 '마음이론(Theory of Mind)기술'이라고도 불리는 '조망수용 능력'이 상당히 부족할 수 있다. 마음이론 기술을 배우기 전까지 그들은 사람들의 사고방식과 개인·사건·상황에 관한 생각, 세상을 바라보는 관점이 모두 자신과 같다고 가정할 수도 있다. 여기에도 일반화하기 어려워하는 현상이 적용된다. 그래서 당신이 특정 사례에서 누군가의 관점을 설명한다고 해도 자폐 학생은 사례마다 모든 사람이 각기 다른 방식으로 생각할 수도 있다는 것을 이해하지 못한다.

　조망수용능력은 같은 말, 같은 사건, 같은 사물일지라도 개개인에 따라 다르게 보이고, 다르게 들리고, 다르게 느껴질 수도 있음을 알고 이해하는 사회성 기술이다. 또한 말하거나 행동하기에 앞서 다른 사람의 생각이나 기분, 태도, 신념을 고려하는 기술이다. 자폐 학생의 사회정서적 공백은 많은 경우 조망수용능력이 부족해서 발생한다. 그들은 다양한 상황에서 사람들이 무슨 말을 하고 어떻게 행동할지 예상하지 못하고, 주어진 상황에서 어떤 사람이 특정 행동을 보이더라도 다른 사람은 같은 행동을 하지 않을 수도 있다는 것을 이해하지 못한다. 심지어 다른 사람들이 감정이 있다는 것조차 이해하지 못하기도 하고, 그래서 무심하고 자기중심적으로 행동하는 것처럼 보일 수 있다.

　자폐 스펙트럼 장애가 있는 사람들에게 '사회적 사고'를 가르치는 것으로 유명한 언어병리학자 미셸 가르시아 위너Michelle Garcia Winner는 사람들의 차이를 처리하는 사회적 뇌를 주제로 두 권의 기념비적인 책을 내놓았다. 《당신에 관해 생각하기, 나에 관해 생각하기(Thinking About YOU Thinking About ME)》와 《사회적 사고! 학령기 아동을 위한 사회적 사고 교육과정(Think Social! A Social Thinking Curriculum for School-Aged Students)》은 모든 교사와 자폐 학생을 둔 부모가 꼭 읽어야 할 훌륭한 책이다. 책에서 위너는 조망수용능력의 핵심이 다음의 네 가지 사항을 적극적으로 고려하고 그것에 맞추는 능력이라고 정의한다.

- 직접적인 상호작용이 일어나지 않더라도 자신뿐만 아니라 다른 사람의 생각과 감정을 고려한다.
- 자기와 다른 사람 사이의 종교, 정치, 문화적 신념 차이와 유사점을 고려한다.
- 다른 사람과 의사소통할 때, 이전 지식과 경험을 활용한다.
- 직접적인 상호작용이 없더라도 다른 사람의 동기와 의도를 고려할 수 있다.

조망수용능력을 배우지 않으면 자폐 학생은 위너가 서술한 다음의 사회적 사고와 정보 처리 기술로 얻을 수 있는 결과와 보상을 결코 경험하지 못할 것이다.

- 다른 사람의 요구와 욕구를 분석할 수 있다.
- 공감적 반응을 제공할 수 있다.
- 악의가 있을지도 모르는 사람을 안전하게 피할 수 있다.
- 다른 사람이 나를 너무 까다롭거나 직설적인 사람으로 인식하지 않도록 에둘러 말할 수 있다.
- 특정 주제에 대한 흥미도가 서로 다르더라도 다른 사람의 열정이나 기쁨을 공유할 수 있다.
- 사회적으로 관계있는 비판적 사고와 개인적 문제 해결 행위에 참여할 수 있다.

조망수용능력은 교사가 학생에게 하나만 가르쳐서 습득할 수 있는 단일 기술이 아니다. 사회적, 정서적, 개념적 과정이 서로 매우 밀접하게 연관된 폭넓은 기술이기 때문이다. 또한 개인마다 조망수용능력을 배우는 속도가 다르므로 아이의 뇌가 한 번에 이해할 수 있을 만큼만 가르쳐야 한다. 이 기술을 가르치고 배우려면 일반적으로 몇 학기가 아닌 몇 년이 걸리지만, 타인의 생각과 감정, 행동을 고려하고 분석할 줄 아는 능력은 매우 중요한 사회적 기능이자, 사회적 세계와 그 안에서 일어나는 모든 일을 이해하기 위한 핵심 요소다. 그러므로 사람들이 다양한 방식으로 사고하고 다양한 감정을 느끼고 다양하게 반응한다는 것을 학생들에게 가르쳐야 한다. 우리가 다른 사람에게 반응하기도 하지만 때로는 먼저 접촉을 시도하기도 한다는 것 역시 가르쳐야 한다.

단순히 우리가 처한 상황을 통제하려고 할 뿐만 아니라 다른 사람과 생각을 공유하고 교환한다는 것을 가르치고, 우리가 그저 다른 사람의 행동과 말을 똑같이 모방하는 것이 아니라 상대방의 사회적 신호를 보고 배운다는 것을 가르쳐야 한다. 다른 사람과 일정한 거리를 유지하며 활동하기도 하고 서로 협력하고 감정을 주고받기도 한다는 것을 가르쳐야 하고, 아이의 학습 스타일에 맞춰 구체적이고 의미 있게 이 모든 것을 가르쳐야 한다. 개념을 의논하고, 실생활 속의 예를 제시하고, 사람들이 언제 상대방의 생각과 감정을 마음속으로 그리는지 알려주는 것만으로는 충분하지 않을 것이다. 만약 그것으로 충분하다면 아이는 이미 조망수용능력을 가진 것이다.

우리는 조망수용능력이 지능과는 아무 관련이 없다는 것을 명심해야 한다. 높은 IQ나 남들보다 앞선 언어 능력(또는 뒤처진 언어 능력)은 조망수용능력을 나타내는 지표가 아니다. 브라이스가 다닌 고등학교의 교장은 "사회성 기술이 없는 사람은 인지적 기술이나 지능이 부족한 경우보다 더 빨리 직장에서 해고될 것이다."라고 강조했다. 사회성 기술인 조망수용능력은 직장에서 성공하기 위한 필수적인 기술로 널리 받아들여지고 있다. 자폐 학생을 둔 부모들 대부분의 간절한 소원이 아이에게 조망수용능력이 생기는 것인 이유다.

틀린 것이 아니라 다른 것이다

누구나 바지를 입을 때 다리를 한 번에 하나씩 집어넣도록 배운다. 너무나 당연한 일이지만 브라이스에게는 당연한 일이 아니었다. 스스로 옷 입는 법을 배울 때 브라이스는 침대 끝에 앉아서 몸을 뒤로 굴려 두 다리를 공중으로 들어 올린 후, 두 다리를 한꺼번에 바지통 속으로 집어넣었다. 아이는 이 방법이 훨씬 더 편리하다고 생각했다. 브라이스는 자기가 이해하기 쉬운 방식으로 바지 입는 법을 시각화했고, 자기가 보기에 더 합리적인 순서로 동작을 계획하고 적용했으며, 일반적인 생활 기술에 대한 자기만의 효율적인 접근 방법을 생각해 냈다. 세상 사람들의 99퍼센트가 한 번에 다리 하나씩을 바지통에 집어넣는다고 해서 브라이스의 방법이 틀린 것은 아니다. 어떤 사람들에게는 브라이스의 방법이 더 나을 수도 있다.

만약 우리가 자폐 학생의 뇌는 정보를 다르게 처리한다는 사실을 받아들이고 존중하고, 이런 특성을 고려해서 효과적으로 가르치는 방법을 찾으려 하지 않는다면 자폐 학생을 가르치는 일은 바람 부는 곳에서 침을 뱉는 연습이나 다름없을 것이다. 우리가 자폐 학생을 가르칠 때 유연한 접근법을 사용하지 못하거나 그들의 정신적, 신체적, 형이상학적, 정서적, 인지적 측면을 망라하는 모든 특성을 우리가 얼마든지 노력을 기울일 만한 것으로 인정하지 않는다면, 아이는 주변 사람들이나 사회적 환경과 연결되고 싶은 어떤 동기나 욕구도 느끼지 못할 것이다.

언제나 최적점은 중간 어딘가에 있다. 그것은 자폐 학생의 사고방식과 정보처리방식에 맞춰 유의미한 방식으로 가르칠 수 있게 우리부터 사고를 바꾸는 것이다. 그러면 아이는 점차 우리의 사고방식에 친숙해지고 비자폐인의 세상에 적응하는 법을 배울 수 있다. 또한 조금씩 서로에 대한 친숙함도 커질 수 있다.

이제 매킨토시와 PC는 서로 소통한다. 해트필드 가문과 맥코이 가문은 21세기에 접어들자 서로 화해하고 축제를 열었다. 다양한 관점을 받아들이는 법을 배우기에 지금보다 더 좋은 때는 없다. 이제 당신과 당신의 학생 혹은 자녀는 지금껏 전혀 알지 못했던 세상을 배울 것이다.

나는 행동으로
의사소통해요

자폐 학생의 행동은 아마 자폐증의 특징 중에서도 가장 많은 논의의 주제가 되고, 자주 오해받고, 두려움을 일으키는 부분일 것이다. 수많은 학부모 상담과 다양한 의료 및 치료법 상담이 필요하고, 소셜 미디어에 수많은 의견이 올라오는 주제이기도 하다. 자폐 학생의 행동은 불을 뿜는 용이나 골리앗, 티라노사우루스, 빙산에 부딪히는 타이태닉호 같기도 하고, 가끔은 이 모두를 합쳐 놓은 것 같기도 하다.

하지만 자폐 학생의 행동은 절대로 갑자기 나타나지 않는다는 기본적인 사실을 받아들인다면, 이것은 이제 아주 쇠약해진 적군과도 같다. 그들의 행동 기저에는 항상 유발 요인이 있다. 즉, 충족되지 않은 욕구가 있다. 이것이 무엇인지 확인한다면 우리는 자폐 학생의 행동을 쉽게 무력화시킬 수 있다. 물론 행동의 원인을 찾으려면 시간과 노력을 투자해야 한다. 교육계에서 자주 등장하는 '행동 탐정(Behavior Detective)'이나 '사회적 탐정(Social Detective)'이라는 용어를 들어봤을 것이다. 이 접근법에 시간이 얼마나 많이 소모되는지 알고 나면 먼저 의기소침해질 수도 있다. 하지만 예방 가능한 동일한 행동에 몇 번이고 대응해야 하는 소모적이고 비생산적인 일에 비하면 행동 예방을 위해 사전에 노력을 기울이는 것은 비교적 힘이 덜 빠지는 일일 것이다.

행동 탐정이 되는 일이 보기에는 매우 어려울 것 같지만 몇 가지 유용한 도구들이 있다. 잠시 후 우리는 탐정 활동에 필요한 도구를 모아둔 창고로 향할 텐데, 그전에 먼저 도구 사용에 필요한 전제 조건을 살펴보자.

자폐 학생의 행동을 다루기 위한 전제 조건

먼저 나쁜 행동, 문제 행동, 부정적 행동이라는 생각을 버려라. 행동은 행동일 뿐이다. 어떤 행동은 상황적으로 부적절하거나 예상치 못한 것일 수도 있지만, 자폐 학생의 행동은 상당 부분 사회적 환경을 오해하거나, 잘못 해석하거나, 제대로 살피지 못한 데서 나온다. 모든 행동이 의사소통의 한 형태이고, 다른 기능적 형태를 배우지 못한 아이에게는 때때로 유일한 소통 방식이라는 사실을 인정하고 수용하자. 학생이 배우지 못하면 당신은 가르쳐도 가르친 것이 아니라는 점을 항상 기억하자. 또한 규칙이나 기술을 가르치더라도 맥락을 이해하는 사회 정서적 연결이 없다면 진정한 가르침이 아니라는 것을 명심하라.

아이가 보이는 행동의 원인을 정확히 지적하고자 할 때, 먼저 우리 자신의 행동부터 살펴야 한다. 우리의 행동이야말로 아이가 자신을 둘러싼 환경을 인지하는 중요한 정보가 될 수 있기 때문이다. 아이의 행동이 우리에게 무엇을 말해주는지 알기 위해 우리의 행동이 아이에게 무엇을 말해주는지도 반드시 살펴봐야 한다.

아이의 행동을 바꾸려고 노력할 때, 우리는 우리 자신에게도 합리적으로 기대할 수 있을 만큼 적당히 요구해야 한다. 어른인 우리도 성취하기 매우 어렵다고 생각하면서 학생들에게 과도하게 많은 행동 수정을 기대하는 것을 보면 정말 어리석은 일처럼 느껴진다. 우리는 매년 새해 첫날이 되면 매번 똑같이 살빼기, 건강한 식습관, 금연, 절약, 운동, 정리정돈과 같은 행동 변화를 결심한다. 하지만 1월 말쯤이면 대개 결과는 정해진다. 대체 무슨 권리로 우리는 영구적인 신경학적 장애를 갖고 사는 아이들에게 우리가 발휘할 수 있는 것보다 더 많은 내면의 강인함을 기대하는 것일까?

새해 결심을 하나도 성공하지 못했고, 어떤 식으로든 행동을 바꾸지 못했다는 사실을 받아들이는 것이 얼마나 사기가 꺾이는 일인지 우리 모두 너무나 잘 알고 있다. 목표를 세울 때는 한 번에 하나씩 달성 가능한 것으로 정하고, 점진적인 성공과 그에 따르는 자기 가치감을 경험한 후 다음 도전으로 넘어간다면 얼마나 좋겠는가. 이것은 분명 자폐 학생에게도 이로운 일일 것이다.

작은 책 한 권에서 모든 문제 행동의 해법을 생각해 낼 수는 없다. 이 책에서는 그러려고 시도하지도 않을 것이다. 자폐 스펙트럼 장애로 나타나는 행동을 주제로 다룬 훌륭한 책이 이미 수십 권쯤 나와 있다. 아마 그중 몇 권은 당신도 이미 읽어봤을지 모르겠다. 하지만 이 책은 자폐 학생의 행동에만 초점을 맞추지 않고 어른들의 행동과 그것이 아이의 행동 방정식에 미치는 영향까지 다룬다. 교육 환경에서는 항상 행동에 영향을 미칠 수 있는 요인들을 전체적인 맥락에서 살펴볼 필요가 있다. 학생이 왜 그렇게 행동하는지, 우리를 어떻게 생각하는지 설명할 수 있는 사람이 학생 본인 말고 또 누가 있겠는가? 다음은 자폐 학생이 바라는 점들을 서술한 것이다.

자폐 학생이 바라는 것

- 우선 나에게 어떤 감각 문제가 있는지 확인해 주세요. 내 행동 중 많은 것들이 감각적으로 불편해서 그러는 거예요. 교실이 너무 밝거나 너무 시끄럽고, 아니면 교실 벽에 나를 산만하게 만드는 요소가 너무 많아요. 어쩌면 나는 선생님과 더 가까이 앉아야 해요. 창밖에서 들려오는 잔디 깎는 소리, 타냐에게 속삭이는 재스민의 목소리, 의자 끌리는 소리, 연필 깎기 돌아가는 소리 등 소음이 너무 많아서 선생님이 말하는 것을 이해할 수 없어요.

  수업시간 동안 의자에 가만히 앉아 있는 것이 나에게는 좋은 자세가 아닐 수도 있어요. 내 평형감각은 선생님과 달라요. 의자의 가장 자리가 어디인지 잘 분간하지 못할 수도 있어요. 가끔은 내가 의자에서 떨어질 것만 같이 불안해 보이지 않던가요? 대신 나는 몸 전체가 무엇인가에 닿으면 마음이 진정돼요. 그래서 하는 말인데, 매트 위에 눕거나 빈백 의자에 앉아서 책을 읽어도 될까요? 아니면 높이 조절이 되는 입식 책상을 사용할 수 있을까요? 나를 담당하는 작업치료사에게 감각 친화적인 교실 환경을 만드는 방법을 물어보세요. 나뿐만 아니라 실제로는 우리 반 학생 모두에게 좋을 거예요.

• 자기조절 시간을 미리 가질 수 있게 해주세요. 교실 구석에 베개와 책, 헤드폰이 있는 조용하고 카펫이 깔린 공간이 있다면 격한 감각에 휩싸일 때마다 마음을 가다듬기 위해 이용할 수 있고, 적당히 가까운 거리에 있어서 다시 문제없이 수업에 참여하기에도 좋아요. 내겐 몸을 약간 움직일 수 있는 시간이 필요할 수도 있어요. 이럴 때는 교무실에 심부름을 다녀오게 하거나, 친구와 함께 체육관을 한 바퀴 돌고 오라고만 해도 될 거예요.

• 내가 언제 어디에서 곤란을 겪는지 행동 탐정이 되어 기록해 주세요. 어떤 활동을 하고, 몇 시에 하고, 주위에 누가 있나요? 주변 환경과 관련 있는 많은 감각적, 사회적 요소를 인지하려고 노력해 주세요. 보고, 듣고, 느끼고, 냄새를 맡아보세요. 선생님은 쉽게 무시할 수도 있는 것들이 나에게는 불편함과 심지어 고통까지 일으키는

원인이 되기도 해요. 꾸준한 관찰을 통해 나의 반응과 행동의 이유에서 얼마나 많은 정보가 드러날 수 있는지 알면 놀랄 거예요.

- 나쁜 상황이 생겼을 때 더 악화시키지 말아 주세요. 나는 심리적 탈진이나 분노를 남에게 보이고 싶지 않아요. 수업을 방해하고 싶지도 않아요. 선생님이 모질거나 험악한 행동으로 반응하지만 않으면 내가 상황을 스스로 극복할 수 있게 도울 수 있어요. 선생님이 나에게 보이는 다음과 같은 반응은 대부분 상황을 악화시키거나 오래가게 만드는 원인일 수도 있어요.

  - 목소리 톤을 높이거나 크게 말하는 것: 나는 선생님의 말소리가 아니라 고함만 듣게 돼요.

  - 나를 비웃거나 흉내 내는 것: 나는 빈정거림을 알아차리지 못할 때가 많아요. 나를 모욕하거나 욕해도 나는 당황하며 행동을 멈추지 않을 거예요. 그 순간 내가 배우는 것은 그저 선생님을 믿을 수가 없다는 것뿐이에요.

  - 근거 없이 비난하는 것: 내가 했다는 확실한 증거가 없다면 그냥 선생님의 추측일 뿐이에요. 선생님이 틀렸다면 어떻게 할래요?

  - 이중 기준을 적용하는 것: 우리 반의 다른 아이들은 따르지 않는 규칙이나 기대치를 나에게만 강요하는 것은 내가 사회적으로 반응하는 것을 더 어렵게 만들 뿐 아니라 내 자존감을 뭉개고, 나를 동료로 받아들이고 협동하려 했던 반 친구들의 마음에도 영향을 미칠 수 있어요.

  - 내 노력을 다른 학생의 노력과 비교하는 것

  - 이전에 일어난 일이나 지금의 상황과 무관한 일을 꺼내는 것

- "너 같은 아이들은 모두 이렇게 한다."라고 말하면서 자폐 학생들을 뭉 뚱그려 하나의 일반적 범주에 집어넣는 것

• 만일 선생님이 위의 항목 중 하나의 방식으로 반응하는 경향이 있 다고 해도 너무 걱정하지 마세요. 진정한 사과로 상황을 개선할 여 지는 있어요. 나는 누구든, 심지어 선생님이라도 화가 나거나 좌절 할 수 있고 가끔 일을 망칠 수 있다는 사실을 받아들이려고 노력 중 이에요. 또한 어마어마하게 큰 실수인 것처럼 보이는 일도 여전히 바로잡고 앞으로 나아갈 수 있다는 것을 배우는 중이에요.

• 만일 문제가 잘 해결되지 않으면 다른 방법을 시도해 보세요. 우리 엄마가 그러는데, 계속 같은 방법만 고수하면서 다른 결과를 기대 하는 것은 바보 같은 행동이래요. 만일 선생님이 같은 행동이나 같 은 말을 하는데 내 행동이 끝까지 바뀌지 않는다면, 아마 달라져야 할 것은 선생님의 행동일 거예요. 어른들이 내가 일부러 그렇게 행 동한다고 생각하고, 내가 주변 환경에 대한 반응을 스스로 바꿀 수 있다고 생각한다는 것을 느낄 때마다 얼마나 맥이 빠지는지 선생님 은 모를 거예요. 나는 일부러 그러는 것도 아니고 그렇게 할 수도 없어요. 선생님은 내 행동의 근본적인 이유를 아직 찾아내지 못했 어요. 그러니 계속해서 포기하지 말고 찾아보세요. 선생님의 교육 방식이 효과가 없다면 방법을 바꾸리라 기대하면서 나는 여기에서 기다릴게요.

자폐 학생의 행동을 다룰 때 주의할 점

《자폐 스펙트럼 장애 아동에게 생활기술을 가르치는 법(How to Teach Life Skills to Kids with Autism or Asperger's)》과 《감각 문제를 안고 성장하기:자폐가 있는 여성이 전하는 조언(Growing Up with Sensory Issues: Insider Tips from a Woman with Autism)》의 저자 제니퍼 매킬위 마이어스는 아스퍼거 증후군을 겪었던 유년 시절을 회상한다. 그녀는 어른이 된 지금도 여전히 아스퍼거 증후군 증상을 겪고 있다. 마이어스는 자신만의 방식으로 열심히 배우려는 학생에게 옹졸한 접근법을 써서 중요한 학습 기회를 제공하지 못했던 교사에 관한 아픈 기억을 회상한다. 그녀가 전하는 솔직한 이야기를 들어보자.

3학년 때, 나는 단어를 공부하는 시간에 거의 매번 혼났다. 수업 진행 방식은 이랬다. 우리는 사전에서 단어를 찾아보고 그 뜻을 적었다. 그러고 나서 애티튜드(가명) 선생님과 함께 단어를 다시 살펴봤다. 나의 문제점은 사전 읽는 것을 지나치게 좋아한다는 데 있었다. 사전에 코를 박고 있는 동안에는 선생님이 학생들에게 설명하기 시작해도 아무것도 들리지 않고 보이지도 않았다. 그러면 선생님이 내 이름을 불렀다. 하지만 나는 그 소리도 듣지 못했다. 선생님은 교단에 서서 계속 내 주의를 끌려고 했고(나는 그것도 전혀 알아차리지 못했던 것 같다), 그러면서 점점 불만스러워했다. 마침내 선생님은 내 책상으로 다가와서는 큰소리로 내 행동을 지적하며 훈계를 늘어놓았다. 매주 그런 식이었다.

비록 아무 효과가 없었지만 애티튜드 선생님은 반 아이들 앞에서 나에게 창피를 주면 이 끔찍한 습관을 없앨 수 있으리라 생각했던 것 같다. 나는 누가 나에게 소리 지르는 것이 끔찍하게 싫었다. 선생님이 다른 아이들에게 나를 더 놀릴 수 있도록 또 다른 구실을 제공하는 것도 너무 싫었다. 그래서 나는 노력했다. 하지만 나에게 사전을 건네주면서 사전에 열중하면 안 된다고 말하는 것은 포장지 뜯은 허쉬 초콜릿을 책상 위에 올려놓고 먹지 말라고 하는 것과 같았다. 선생님은 내가 일부러 선생님을 화나게 하려고 그런다고 생각했다. 선생님 자신이 무엇을 가르치고 있는지 완전히 잊은 것처럼 보였다. 그 수업은 분명 단어를 배우는 시간이었다. 게다가 나는 사전을 읽고 있었다. 단어 수업 시간에 새로운 단어를 배우는 것을 허용하지 않는다는 사실에 나는 미칠 것만 같았다.

선생님이 그 상황을 다룰 수 있는 길은 아주 많았다. 반 아이들에게 말하기 전에 나에게 먼저 와서 어깨를 톡톡 칠 수도 있었고, 내 책상에 벨 소리가 큰 타이머를 올려두고 타이머가 울리면 사전을 덮어야 한다고 말해줄 수도 있었다. 다른 아이들은 사전을 찾아보고 선생님은 칠판에 단어 뜻을 적는 동안 내가 계속 몰두하도록 내버려 둘 수도 있었다. 나에게 다른 학생들의 학습을 도우라고 지시할 수도 있었다. 나에게 사전이 필요 없는 과제를 낼 수도 있었고, 그냥 무시하고 내가 사전을 읽게 내버려 둘 수도 있었다. 선생님이 할 수 있는 일이 무척 많았지만, 아무것도 하지 않았다. 내가 스스로 제어할 수 없는 행동을 가지고 나에게 창피를 줬을 뿐이다. 또한 따돌림을 당할 수 있는 상황을 더 악화시킴으로써 내가 선생님을 미워하고 불신하게 만들었다.

자폐 학생이 바라는 것

• 선생님이 제공하는 보상이 진정한 보상이 되었으면 해요. 바람직한 행동에 대한 보상으로 내가 싫어하는 사탕이나(딱딱한 캔디를 입안에 넣었을 때의 느낌이 끔찍해요) 갖고 노는 방법을 모르는 장난감을 준다고 해도 그런 방법은 행동을 바꿀만한 자극이 되지 못해요. 내 관심사는 조금 독특해요. 나의 관심을 끄는 것들은 다른 아이들이 원하는 것과 정반대일 수도 있어요. 내가 좋아하는 보상이 무엇인지 알고 싶다면 내게 직접 질문해 주세요. 내가 말로 표현하지 못할 수도 있는데, 그러면 나의 관심을 끄는 것이 무엇인지 나타내는 다른 신호들을 찾아보세요.

• 앞으로 내가 노력해야 할 행동들을 한 번에 하나씩 알려주세요. 자폐 학생에게 '멀티 태스킹'은 힘들어요.

• 내 행동이 해롭거나 사회적으로 받아들일 수 없거나 성가신가요? 내가 나의 건강과 안전을 해치거나 수업을 방해하거나 다른 사람들이 나를 꺼릴 만한 어떤 행동을 하고 있다면 그 행동을 바꾸도록 선생님이 도와줘야 해요. 그러나 그런 후에는 부적절한 행동 또는 부정적인 행동이라고들 말하는 나의 다른 행동에 관해 꼭 한 번 더 생각해 보세요. 손가락으로 머리를 감아 돌리거나 후드티 끈을 이빨로 씹는 행동이 어떤 사람에게는 짜증 나는 것일 수도 있을 거예요. 그러나 내가 배우고 극복하려는 것들을 모두 고려할 때, 그런 행동

들은 나에게 무척 중요해요. 마음을 진정하는 데 도움이 되거든요. 내가 배울 수 있고, 다른 사람들과 있어도 편안함을 느끼는 데 매우 도움이 되는 행동들이 있는데, 이런 행동을 한 번에 하나씩만 바꿀 수 있게 도와주세요.

- 그림 안에 있는 나만 보지 말고 전체 그림을 보세요. 선생님이 나에게 늘 다른 아이들처럼 하라고 부추기면 바람직하지 못한 행동까지 모방하는 모습도 볼 수도 있을 거예요. 왜냐하면 나는 아이들의 욕설이나 부정행위, 불평, 교활한 행동, 놀림과 조롱도 보고 듣잖아요. 만일 내게 항상 진실만을 말하라고 한다면, 내가 소피에게 머리 스타일이 이상하다고 말하더라도 놀라지 마세요. 나에게 요구하는 것이 주변 모든 사람에게 영향을 미칠 수도 있으므로 무엇인가 요구할 때는 항상 신중해야 할 거예요.

행동의 근본적인 원인을 찾는 법

이제 우리에게는 과제가 하나 있다. 자폐 학생들의 행동 속에 숨겨진 근본적인 원인을 찾는 일이다. 진짜 원인을 찾아내고 해결하기 전까지 아이의 행동은 변하지 않을 것이다. 여기 이 과제를 위한 도구 상자가 있다. 함께 살펴보도록 하자.

기능적 행동 평가 및 기능적 행동 분석

이것은 글자 그대로 '행동의 ABC'이다. 선행사건 A(antecedent), 즉 행동을 촉발하는 요인과 행동 B(behavior), 행동의 결과 C(consequence)를 확인해야 한다. 기능적 행동 평가(FBA)는 기능적 행동 분석의 일부다. FBA는 비공식 관찰부터 상세하고 수량화한 자료 수집까지 무엇이든 될 수 있다. 이 과정은 행동 분석에 관한 전문적인 훈련을 받은 사람과 함께 수행하는 것이 가장 좋다. '행동=상대방+나+환경'이라는 방정식을 항상 기억하라.

감각 프로파일

대부분의 작업치료사는 저명한 작업치료사 위니 던Winnie Dunn이 개발한 '감각 프로파일(Sensory Profile)'에 익숙할 것이다. 아이가 다양한 감각 경험에 대해 얼마나 자주, 어떤 강도로 반응하는지를 묻는 질문에 보호자가 응답하고, 작업치료사는 설문 결과를 점수로 환산한다. 설문 결과는 행동의 원인이 되는 환경적 자극을 찾을 수 있는 정확하고 귀중한 자료로 쓰인다. 감각 프로파일로 얻은 정보는 작업치료사가 수업 방해, 반항, 회피 등의 행동을 예방할 수 있도록 학급에 행동 수정을 제안할 때도 유용하다.

감각 지도 혹은 감각 식단

감각 프로파일에서 얻은 정보로 작업치료사는 아이의 '감각 지도(Sensory Map)' 또는 '감각 식단(Sensory Diet)'을 만들 수 있다. 감각 지도는 아이가 하루에 수행하는 여러 활동을 도표로 나타내고 어디에서 감각 문제가 나타날 수 있는지 찾아 개입 의견을 제공한다. 어쩌면 아이에게 맞춤형 식단을 제안하는 것과도 비슷하다. 자폐 학생을 위한 감각 식단은 진정 활동과 각성 활동 모두를 포함해야 할 것이다. 무관심과 무기력 같은 지나치게 무딘 감각적 반응도 과잉활동과 마찬가지로 감각 장애의 한 증상일 수 있기 때문이다.

음식 일지

음식 또한 아이의 행동을 엉망으로 만드는 위험 요소가 될 수 있다. 음식 알레르기(잘못된 면역체계 반응), 음식 과민증(약물 반응처럼 다양한 음식에 대한 이상 반응), 저혈당, 탈수, 비타민 결핍, 소화 장애 등 매우 많은 문제가 발생할 수 있으므로 아이의 행동과 더불어 언제 무엇을 먹었는지 자세히 기록하면 좋다.

수면 일지

만성적 수면 부족 역시 행동 장애를 일으키는 강력한 요인이다. 수면 장애의 원인을 알아내는 일은 집안의 소음, 불편한 침구나 잠옷, 강한 향이 나는 목욕용품이나 세제 등 감각 문제를 살펴보면서 시작할 수 있다. '고유 감각 욕구(Proprioceptive Needs, 자신의 신체와 움직임에 대한 감각을 느끼고자 하는 욕구-옮긴이)'가 있는 아이는 홑이불 대신 무거운 담요나 침낭이 도움이 될 수 있다. 어떤 아이들은 침대 텐트나 캐노피 아래 또는 커튼 뒤처럼 좁은 공간에서 편안함을 느낀다. 잠자는 시간까지

텔레비전을 보거나 전자 기기를 사용하면 아이는 긴장을 풀지 못하고, 아이의 뇌는 계속 자극받은 상태로 있게 된다. 카페인 음료나 초콜릿도 잠자기 전에는 피하는 것이 좋다.

신중하고 공정하고 의미 있는 후속 결과 계획

자폐 스펙트럼 장애가 학생이 보이는 몇몇 행동의 '이유(원인이나 그것을 설명하는 것)'일 수는 있어도 '절대적인 핑곗거리(사실적 뒷받침 없이 행동을 정당화하려는 시도)'가 되어서는 안 된다. 자폐 학생이라고 해서 행동에 대한 후속 결과를 항상 면제받아도 된다고 생각하는 사람은 아무도 없을 것이다. 그런데 여기에는 '자폐 학생의 행동과 결과를 연결할 때 매우 신중해야 한다'는 중대한 선결 조건이 있다. 항상 구체적인 언어를 사용하고, 가능하다면 시각적 자료로 뒷받침하라.

제니퍼 매킬위 마이어스는 자폐 학생의 행동과 그로 인한 결과를 연결하는 과정의 중요성을 인식할 수 있도록 우리에게 이렇게 조언한다.

"자폐 학생은 자신의 행동이 어떻게 원하지 않는 결과를 초래하는지 이해해야 합니다. 자폐 학생의 어떤 행동이 자신은 물론 타인에게도 위험할 수 있다면 단호한 후속 조치를 취해야 합니다. 이를 테면 청소년기의 스토킹 행위를 예로 들 수 있겠네요. 이런 행동에 대해서는 심각한 결과를 적용해야 합니다. 어릴 때 이런 행동을 심각하게 다루지 않으면 나중에 더 나이가 들었을 때는 사법 조치가 따르는 문제로 이어질 수도 있습니다."

눈과 귀 그리고 마음

자폐 학생의 감정적 요인 때문에 발생하는 행동은 교사가 탐지하기 매우 어려울 수도 있다. 자폐 학생은 자신의 감정을 분명하게 표현하는 것은 고사하고 자기감정이 무엇인지 쉽게 알아채지 못할 수도 있기 때문이다. 그러므로 우리는 마음으로 들어야 한다. 잘 듣거나 보기 힘든 곳일수록 더욱 주의를 기울여서 듣고 봐야 한다. 자폐 학생은 우리가 인지하지 못하는 곳에서 놀림과 따돌림, 좌절과 실망, 능력이나 지식의 한계와 그에 따른 서투른 과제 수행 같은 부정적인 일을 겪는다. 이 모든 것이 때때로 행동으로 분출될 수 있다.

더 심각한 문제는 자폐 학생은 사회정서 기술과 언어 능력이 부족해서 무엇이 잘못되어도 그것을 누군가에게 제대로 알리지 못할 수도 있다는 것이다. 그러므로 언어치료사나 정신건강 전문가의 지속적 개입이 큰 도움이 된다. 미술이나 음악 치료 또는 춤 치료도 생각해 볼 수 있다. 언어 사용이 불가능할 때는 많은 아이가 그림이나 조각, 몸동작을 통해 자신을 표현한다.

학습이 순환한다는 것을 믿는다면 우리는 이제 곧 행동도 순환한다는 것을 깨닫게 될 것이다. 순환적 학습처럼 각자의 행동이 전하는 메시지도 팀 구성원 사이를 오간다. 자폐 스펙트럼 장애란 개념이 등장하기 300년 전 뉴턴이 발견한, '모든 작용에는 힘의 크기가 같고 방향이 반대인 반작용이 있다'라는 제3 운동 법칙은 자폐 학생의 행동 방정식도 완벽하게 설명한다. 이 운동 법칙에 따라 압축된 공기 압력이 페트병 로켓을 발사시키는 과학 실험을 할 수 있는 것처럼, 자폐 학생의 행동 문제도 일촉즉발의 상황처럼 보일 수도 있다. 그러나 페트병 로켓과 달리 행동 로켓의 궤도는 제어할 수 있다. 교사와 부모의 말과 태도, 행동과 반응은 아이의 환경과 그 환경에 대한 반응을 결정하는 중요한 요소들이다. 그러므로 우리 자신의 행동부터 명확하게 살펴볼 때 우리는 아이들의 행동에 좀 더 나은 영향을 미칠 수 있을 것이다.

소통하지 않으면
우리는 배우지 못할 거예요

그녀가 뭔가 매우 다른 말을 했다고 내가 말했다고 네가 말한다고 해보
자. 나는 그래도 아무 차이가 없다고 생각해. 왜냐하면, 만약 그녀가 말했
다고 내가 말했다고 네가 말한 것을 그녀가 말했다면 그것은 그녀가 자
기가 말했다고 하는 것을 내가 말하는 것과 같기 때문이야.

- 러디어드 키플링Rudyard Kipling의 동화책 《아르마딜로는 어떻게 생겨났을까?》 중
느리고 단단한 거북이가 노란색 재규어에게 하는 말

이 책의 저자인 내가, 사실상 부모 교사나 다름없는 내가 일부러 글이라는 전통적인 형식이 아닌 새로운 형식으로, 즉 나는 완벽하게 이해할 수 있어도 당신은 이해할 수 없는 형식으로 정보를 전달한다면 어떨까? 아니면 위에서 인용한 키플링식의 모호한 화법으로 글을 쓴다면 어떻겠는가? 당신은 짜증이 날 수도 있고, 답답할 수도 있고, 심지어 화가 날 수도 있을 것이다. 글을 읽는 이가 이해할 수 있는 방식으로 정보를 제공하는 것이 글쓴이의 의무가 아니던가? 당연히 그렇다. 우리는 교사로서 모든 학생과 효과적으로 소통할 수 있도록 필요한 것은 무엇이든 해야 하는 책임과 의무를 가진다. 아마 교사나 부모는 스스로 소통을 잘하고 있다고 생각할지 모르겠지만, 교사나 부모가 전달하는 생각과 기대치가 자폐 학생에게 미치지 못할 수도 있다. 또한 자신도 모르게 아이들의 노력을 자주 방해하기도 한다.

자폐 학생에게 '적응적 의사소통'이 필요하다는 것은 반박할 수 없는 사실이다. 많은 교사가 자폐 스펙트럼 장애 학생들이 시각적 학습자이며, 말을 액면 그대로 해석할 때가 많다는 것을 잘 알고 있다. 자폐 스펙트럼 장애의 이 두 가지 특성에 관해서는 나의 책《자폐 어린이가 꼭 알려주고 싶은 열 가지》에서 이미 다뤘다. 그래서 여기에서는 내용을 반복하기보다 논의를 확대하고자 한다.

자폐 학생들이 시각적 학습자이고 구체적으로 사고한다는 것을 인정하더라도, 사실 그것은 자폐의 특징 전체를 살폈을 때 빙산의 일각에 지나지 않는다. 가장 특징적으로 나타나는 언어 문제는 대부분 수면 아래 숨어 있는데, 이런 이유로 청각적 언어 처리가 불안하고 힘들어진다.

자폐 학생들은 주변 사람들이 나누는 요즘식의 대화에 둘러싸여 이해 불가능한 수준의 어휘는 물론, 무차별적으로 사용하는 은어와 관용어, 우스꽝스러울 정도로 남발하는 줄임말에 노출된다. 게다가 주변 사람들이나 전자 기기에서 나오는 소리의 음높이와 크기, 음색과 발화 속도에 따라 순간적으로 달라지는 뉘앙스까지 쌓이면 말의 의미를 이해하기가 더욱 어려워지므로 자폐 학생은 자기방어를 위해 아예 마음을 닫아버릴 수도 있다.

우리 눈에는 학생이 경청하지 않는 것처럼 보일 수 있지만, 사실 그들은 필사적으로 이해하려고 애쓰는데 우리가 학생에게 의미 있는 방식으로 전달하지 못하는 것일 수도 있다. 매일 무의미한 소리로 채워진 안개 속에서 분투해야 한다면 그들은 주변 사람들을 일상적 전달자로 신뢰할 수 없을 것이다. 의사소통이 불안정하면 교사에 대한 학생의 신뢰 역시 흔들리고 만다. 신뢰는 교사와 학습자 사이의 관계를 공고히 하는 접착제와 같다는 점을 늘 기억해야 한다.

자폐 학생을 위한 언어 사용법

많은 교사들이 자폐 학생을 위해 수업 중에 그림 일정표나 활동 선택지, 수어를 이미 사용하고 있을 것이다. 자폐 학생이 언어를 곧이곧대로 해석한다는 것도 알아차렸을 것이고, 어쩌면 이런 점을 조금 재미있다고 생각할 수도 있다. 실제로 있었던 일을 하나 예로 들어 보겠다. 한 자폐 학생의 이웃이 선의로 "세상에, 저스틴. 너 잡초처럼 쑥쑥 자라고 있구나."라고 말한다. 그러자 저스틴은 "정말 고약한 노인네네요! 우리 아빠는 잡초가 나면 다 뽑아서 내다 버린다고요!"라고 대답한다.

나도 이와 비슷한 일을 여러 번 겪었다. 이런 일은 그 순간에는 재미있는 이야깃거리 같지만, 자폐 학생의 이런 사고법을 그냥 내버려두면 이웃이나 직장동료, 가족들을 평생 오해하며 살아갈 수 있다. 그러므로 절대로 웃고 넘길 일이 아니다. 자폐 학생의 사고법이 행복하고 독립적인 어른으로 기능할 수 있는 능력에 어떤 영향을 미칠까? 많은 비자폐인뿐만 아니라 자폐 학생의 주변에서 오랜 시간을 보내는 사람들도 자폐 학생이 의사소통 영역에서 얼마나 심각한 불이익을 받는지, 그리고 효과적인 교육을 위해 이 점을 인식하는 것이 얼마나 중요한지 여전히 알지 못한다.

20세기 후반에 '슬로푸드Slow Food 운동'이라는 흥미로운 식생활 운동이 일어났다. 이 운동의 목표는 영양가 낮은 패스트푸드의 확산을 억제하고, 현대인과 건강한 식생활 문화 사이의 연결을 되살리는 것이었다. 나는 언어 사용에도 비슷한 움직임이 일어나는 것을 보고 싶다.

천천히 섭취하게 하라

자폐 학생과 건강하게 의사소통하고 싶다면 일단 천천히 말하라. 교실 맞은편에서 큰 소리나 손짓으로 학생을 부를 게 아니라 가까이 다가가서 말하고, 돌려 말하지 말고 직접 말하라. 낮으면서도 분명한 목소리로 말하라. 말하는 속도를 늘 확인하면서 천천히 말하라.

지방을 빼라

비속어, 추론, 비꼬기, 암시, 과장, 불필요한 말장난 같은 장황한 언어에서 지방을 모두 걷어내라. 자폐 학생에게 이런 미사여구는 전혀 도움이 되지 않는다. 전달하고자 하는 핵심 메시지를 분명하게 하는 것이 아니라 오히려 의미를 어수선하고 모호하게 만들 뿐이다.

식단의 균형을 잡아라

어느 음식이든 한 가지 음식으로는 완벽한 영양을 제공할 수 없듯이 의사소통도 말로만 해서는 완벽하지 않다. 말은 그저 의사소통의 한 요소일 뿐이다. 학생에게 필요한 유형의 시각 · 청각 · 촉각 · 운동감각 · 사회 정서적 지원을 결정하기 위해 팀 구성원 모두가 머리를 맞대고 의논하라. 학생에게 몸짓언어와 표정, 목소리의 미묘한 차이, 공간언어(Proxemics, 사람과의 물리적 거리로 의사나 감정을 표현하고 전달하는 의사소통 유형 – 옮긴이)를 이해하는 법을 적극적으로 가르쳐라. 이것은 학교생활과 사회적 삼투압을 통해서만 습득하는 것이 아니므로, 지속적인 통합이 필요하다. 모든 교사와 모든 환경 그리고 하루하루가 잘 통합되어야 한다.

소화할 수 있는 충분한 시간을 주자

자폐 학생은 질문에 답하기 위한 적절한 말을 만들고 처리하는 데 비자폐인보다 훨씬 오랜 시간이 필요하다. 행동에 필요한 운동 계획(Motor Planning)을 세우는 데도 시간이 필요하다. 운동 계획이란 어떤 과제를 수행하려고 시도하기 전에 마음속에서 동작 단계들을 세우고 그 순서를 정하는 과정을 의미한다. 이것은 감각 통합 발달 과정에서 길러지는 후천적 능력이므로 자폐 학생도 충분히 연습한다면 운동 계획에 능숙해질 수 있다. 천천히 대화하고, 말할 때 불쑥 끼어들지 말고 아이가 대답할 수 있게 기다려라. 사실 시간 관리 기술이 부족한 쪽은 오히려 교사인데도 학생에게 대가를 치르게 하는 경우가 너무나 많다. 그래서는 안 된다. 아이의 의사소통 소프트웨어가 응답하기 전 몇 초간 일시 정지를 일으키거나 활동을 변경하기 전 몇 분간의 준비 시간이 필요하다면, 이것이 아이가 지닌 시스템 환경이므로 충분한 시간을 제공해야 한다.

배가 부르면 그만 먹게 하라

자폐 학생이 적절하게 소화할 수 있는 수준을 넘어 억지로 정보를 계속 공급하는 것은 아이를 시스템 과부하 상태에 빠뜨릴 뿐이다. 그 결과로 시스템 먹통이나 파열이 일어날 것이고, 어느 쪽이 되었든 '학습 중지'로 이어질 것이다.

다각적인 의사소통 시스템이 필요한 이유

아이에게 어떤 형태이든 기능적 의사소통 시스템을 제공하는 것이 무엇보다 중요하다. 나는 강연할 때마다 청중들에게 자신이 선택한 기능적 의사소통 수단을 잃는다는 것이 어떤 느낌인지 보여주려고 다음과 같은 모의실험을 시도한다.

여러분의 입에 테이프를 붙이고 손가락도 한꺼번에 테이프로 감은 상태로 하루를 보내야 한다고 상상해 보세요. 여러분에게는 전화기도 없고, 메일이나 문자 메시지, SNS도 할 수 없습니다. 구두로든 디지털 기기로든 대화에 참여할 수 있는 능력이 심하게 손상된 상태입니다. 여러분에게 필요한 정보가 너무 빨리 지나가 버려도 더 명확한 설명을 요구할 수 없습니다. 의견을 제시하거나 도와달라고 하거나 필요와 욕구를 알리려면, 물리적 노력은 물론이고 그것의 몇 곱절이나 되는 시간이 필요합니다. 도움을 청하거나 일을 신속하게 처리하기 위해 도구의 도움을 받을 수도 없습니다.

더 나아가 제대로 이해할 수 없는 기호로 쓰인 종이를 받았다고 상상해 보세요. 아니면 상대방이 말하는 정보가 마치 외국어처럼 들리는 순간을 상상해 보세요. 상대방의 말 중에서 여섯 번째 단어와 끝에 나오는 동사 정도만 알아들을 수 있고, 그것도 상대방이 천천히 또박또박 말할 때만 가능하다고 가정해 보세요.

여러분이 알고 있는 어떤 형태의 기능적 의사소통도 없이 맡은 일을 해야 하고, 책임을 이행하고, 가족·직장동료·공동체의 기대를 충족하려고 애쓰는 자신의 모습을 상상해 보세요. 그런 다음 스스로에게 물어보세요. 나는 얼마나 유능할 수 있을까? 얼마나 성공할수 있을까? 직장동료와 가족들은 어떤 반응을 보일까? 나는 사회에 얼마나 기여할 수 있을까? 좌절감과 불안, 분노와 두려움이 끓어올라 어쩔 수 없이 어떤 반응을 보이기까지는 얼마나 걸릴까? 이것이 몇 시간 후에 끝나는 실험이 아니라 매일 계속되는 일이라면 어떻게 될까? 이게 내 인생이라면 어떨까?

강연장에 모인 사람들에게 이렇게 상상해 보라고 하면 장내는 순간 매우 조용해진다. 이런 상상 실험을 통해 자폐 학생이 처한 상황이 매우 시급하고 고통스러운 일이라는 것을 많은 이들이 느끼기 시작했으면 좋겠다. 더구나 언어와 의사소통은 자폐 학생이 씨름하는 중대한 삶의 영역 중 하나에 불과하다.

말을 하지 않는 아동이나 이제야 말하기 시작한 아이에 관해 누구나 남 얘기하듯 쉽게 조언할 수 있다. 이 아이들을 상대하려면 번갈아 사용할 수 있는 추가적인 의사소통 체계가 있어야 한다. 언어 능력이 있는 것처럼 보이는 자폐 학생에게도 허점은 물론, 사실과 다른 점이 늘 존재하고, 이 허점은 우리가 생각하는 것보다 훨씬 더 깊고 심각하다. 내 아들 브라이스도 십 대 때 실제보다 언어 능력이 뛰어난 것으로 판명받았지만, 만족스러운 사회적 의사소통을 실행하기 위해 엄청나게 노력하고 많은 것을 희생해야 했다. 이런 과정을 지켜보면서 가슴이 찢어졌던 적이 한두 번이 아니다.

내가 남몰래 우는 것은 아무도 보지 못했을 것이다. 브라이스도 몰랐을 것이다. 우리 사회는 자기 생각을 마음껏 말할 수 없는 아이들이 어른들의 주의를 끌기 위해 극단적인 행동을 보이기 전까지는 아이들을 아무렇지 않게 무시하거나 소외시킨다. 만일 이 아이들에게 자신의 욕구를 표현하는 기능적 수단을 제공하지 못한다면 우리는 아이들이 분노나 좌절, 슬픔으로 심리적 탈진에 이르더라도 충격받거나 화낼 권리조차 없을 것이다. 제한적인 환경에서만 사용할 수 있는 자기표현 수단으로는 충분하지 않으며, 아이들이 어디에서나 사용할 수 있는 해법을 제공해야 한다. 가정에 활동 선택판을 걸어놓는 것처럼 교실 벽에도 커다란 그림 일정표를 붙여 놓으면 유용할 것이다.

　그러나 교실과 가정을 벗어난 다른 장소에서는 어떻게 해야 할까? 모든 환경에서 사용할 수 있는 이동성에 해답이 있다. 이제는 디지털 애플리케이션으로 광범위하게 이동할 수 있게 되었다. 물론 전자 기기와 애플리케이션은 보편적으로 사용할 수 없는 데다 오류가 전혀 없는 것도 아니다. 손상이나 도난, 배터리 방전에도 취약하다. 그래서 의사소통과 마찬가지로 기능적 해법도 다각적이어야 할 것이다.

언어와 의사소통은 동의어가 아니다

말소리를 내고 단어를 형성하는 능력은 언어적 의사소통의 기계적 시작일 뿐이다. 단어를 형성하는 것은 입술과 혀, 얼굴의 조음 근육의 기능이다. 비유를 들면 이렇다. 우리가 자동차 시동을 걸면 엔진이 돌아간다. 그러나 방향을 정해 그쪽으로 운전대를 돌리지 않으면 자동차는 공회전만 할 뿐 움직이지 않는다. 이때 그것은 자동차이기는 하지만 아직 운송 수단은 아니다.

　단순히 구어를 사용한다는 것과 기능적 언어 구사력을 가지고 있다는 것은 같은 말이 아니다. 구어를 사용하지 않는다고 해서 의사소통이 불가능한 것도 아니다. 말을 하지 않는 사람들을 특징짓기 위해 '비언어적(Nonverbal)'이라는 용어를 두루 사용하지만, 이것은 사실 정확한 용어라고 할 수 없다. 비언어적 의사소통과 무발화(Nonspeaking) 사이에는 뚜렷한 차이가 있기 때문이다. '비언어적 의사소통'은 언어를 의사소통 방식으로 사용하지 않는다는 의미이고, '무발화'는 의사소통 수단으로 구어를 사용하지 않는다는 의미다. 말을 하지 않는 무발화 아동이라 할지라도 흔히 언어를 깊이 이해하며, 보조 공학으로 가능해진 오디오 방식이나 다양한 문자 방식으로 의사소통할 수 있다.

기능적 언어는 수용적 언어(Receptive Language, 내게 전달되는 것을 이해하는 능력)와 표현적 언어(Expressive Language, 내 생각을 이해시키는 능력)로 구성되고, 사회적 화용론(Social Pragmatics)이라는 더 포괄적 범주에 속한다. 기능적 언어는 단순히 우리가 말하고 듣는 단어만을 뜻하는 것이 아니라 우리가 어떻게 말하고 듣는지, 언제 어디에서 누구에게 말하고 왜 말하는지와도 관련이 있다.

우리는 자폐 학생들이 말할 수 있게 하는 데 지나치게 집중하는 경향이 있다. 이것은 언어적 인간으로서 즉, 발화하는 인간으로서 어쩌면 당연한 일이다. 말을 하지 않는 자녀를 둔 부모에게 아이의 발화는 일차적인 목표가 된다. 하지만 무발화 문제를 직접적으로 다루지 않고 간접적으로 다루는 것이 직관에는 어긋나 보일지라도 사실 가장 빠른 지름길이 될 수도 있다.

내가 뉴햄프셔주에서 물리치료사로 일하는 패티 로딩앤더슨을 만났을 때, 그녀는 자폐 스펙트럼 장애 아동들을 위한 사회적 의사소통 집단 프로그램을 운영하고 있었다. 무발화 자녀를 둔 부모들은 아이에게 수어나 그림 의사소통 체계를 사용하면 아이가 말하는 법을 전혀 배우려고 하지 않을 수도 있다고 우려하는데, 그녀는 왜 그런 우려가 나오는지 설명하며 이렇게 조언했다.

"아이들을 세상에 참여하게 하는 것이 무엇보다 중요합니다. 아이들에게 그림 교환 의사소통 체계와 같은 확장된 의사소통 체계를 제공하고 탐구심과 독립심을 심어주면서 성공에 이르는 재미있는 방법을 소개한다면, 기능적 의사소통이 자연스럽게 뒤따른다는 것을 알게 될 거예요."

구체적으로 긍정적인 지시사항을 전하라

지난 수십 년 동안 사람들의 언어 사용 방식은 날이 갈수록 조잡해졌다. 종종 자폐 학생들이 우리의 말을 이해할 수 있다는 사실이 경이로울 지경이다. 자폐 학생들은 온종일 걸음을 옮길 때마다 곳곳에 존재하는 언어 싱크홀을 피해야 한다.

- 일상적인 대화에 귀를 기울여 상대방이 "그래서 내가 …라고 말했다." 대신에 "그래서 나는 …와 같다."라고 말하거나 "그러고 나서 그가 …라고 말했다." 대신에 "그러고 나서 그가 …와 같이 간다."라고 말하는 횟수를 세어보라. 자폐 학생들은 '도대체 무엇과 같다는 말이야?' '그가 간다고? 어디를 간다는 거야?'라고 생각할 것이다.

- 평상시 당신이 사용하는 언어에 주의를 기울여 보라. 말을 자르다, 누구와 깨지다, 숙제하며 밤을 불태우다, 수업하다가 밖으로 걸어 차이다, 귀에 작은 곤충을 넣다(남에게 귀띔한다는 의미), 지렁이 캔을 열다(긁어 부스럼을 만든다는 의미) 등 직관적이지 않은 표현이나 관용어가 너무 많아서 바지에 개미라도 들어간 것처럼 자폐 학생을 안절부절못하게 만들고 있지는 않은가?

- 당신은 자폐 학생이 동음이의어를 이해한다고 생각하는가? 그렇지 않다. '아이는 배트(야구 방망이)로 배트(박쥐)를 배트했나(쳤나)?' '라이트한(옅은) 노란색 달에서 나오는 라이트(빛) 때문에 달이 공기보다 더 라이트하게(밝게) 보였나?' 같은 말을 이해할 수 없다.

- 구체적이지 않은 말도 문제다. 우리는 어깨너머를 힐끔 보며 "가서 가져와."라고 말한다. 수업 과정의 맥락을 파악해서 '몬태나의 중심 도시를 찾기 위해 꼭대기 선반에 있는 지도를 가져와서 사용하라.'라는 의미임을 학생이 이해하리라 기대하면서 말이다. 하지만 이것은 전혀 타당한 기대가 아니다.

- 자폐 학생은 사회적 추론을 어려워한다. "숙제를 제출하지 않았구나."라는 말이 그들에게는 사실 진술에 불과하다. 숙제를 제출하지 않은 이유를 설명하기를 바라거나 늦게라도 제출하기를 기다린다는 의미임을 아이는 이해하지 못한다. 자폐 학생에게 명령보다는

"맞춤법 숙제를 내 책상 위에 올려두면 좋겠구나."처럼 긍정적인 말로 정확한 지시사항을 전달하면 가장 좋다. 당신이 원하는 것이 무엇인지 학생이 직접 알아내거나 추측하게 하지 마라. 그것이 학생을 실패에 빠뜨리는 지름길이다.

지금쯤 당신은 자폐 학생과 의사소통하기 위해 언어 사용에 주의해야 하는 일이 얼마나 힘든 과정일지 따져보며 한숨짓고 있을 것이다. 이해할 수 없는 말과 횡설수설을 번갈아 내뱉는 속사포 수다쟁이로 가득 찬 세상을 상대해야 하는 것이 자폐 학생에게 얼마나 힘들고 진 빠지는 일인지 이제 당신도 어느 정도 짐작할 것이다.

자폐 학생의 시선으로 교재를 점검하라

학급에서 사용하는 교재를 자폐 학생의 장애 증상을 고려하며 다시 점검해 보라. 교재에는 분명하게 밝히거나 이해하기 쉽게 설명하는 것이 아니라 종종 학생을 혼란스럽게 만들어서 정확히 무엇을 해야 하고 정확히 무엇을 모르는지 알기 어려운 부분이 많을 것이다.

자폐 학생에게 구체적인 표현을 사용해야 한다는 규칙은 말뿐 아니라 종이 위에 쓰인 글도 마찬가지다. 교과서, 교육 자료, 시험지에서 만나는 인쇄된 언어는 수다처럼 들리는 시끄러운 말소리만큼이나 아이들을 혼란스럽게 할 수 있다.《자폐증 길 안내서:사람들이 많이 다니지 않은 길에서 온 엽서(The Autism Trail Guide:Postcards from the Road Less Traveled)》에서도 이미 이야기했지만, 자폐아 자녀를 둔 학부모로서 나는 '표준화'라는 말이 들어간 것은 무엇이든 경계하게 되었다. 표준화 시험, 표준화 수업, 표준화된 워크시트 등이 있는데, 이것들 중 대부분이 자폐 스펙트럼 장애아에게 적합하도록 수정이 필요하다.

"수학은 짜증나(Math Suks)!"라고 미국의 가수 지미 버핏Jimmy Buffett이 그의 유명한 노래에서 외친다. 더 자세히 들여다보면 달라질 수도 있겠지만, '짜증 나는 것'은 사실 수학 자체가 아니라 수학을 가르칠 때 사용하는 혼란스러운 언어라는 데 많은 자폐 학생이 동의할 것이다.

표준화된 수학 학습지가 자폐 학생에게는 어떻게 모호함의 늪이 되는지를 보여주는 예가 있다. 그 예를 살펴보면 많은 자폐 학생이 직면한 언어적 어려움이 얼마나 심각하고 광범위한지 모르는 사람들에게 놀라운 각성의 기회가 될 것이다.

어느 해 학기 첫날, 브라이스는 수학 학습지를 받아 보고 매우 당황했다. 아이가 덧셈과 뺄셈을 할 수 없어서가 아니었다. 덧셈 뺄셈이라면 누구보다 자신 있는 아이였다. 그러나 브라이스는 어휘력과 추론 능력, 일반화 기술 영역에서는 중증도 이상의 장애가 있었다. 학습지는 5학년 수학 문제로 분류되었지만 실제로는 몇 학년 더 높은 수준의 언어로 쓰여 있었고, 불필요하고 모호한 언어가 가득한 지뢰밭과도 같았다. 사실상 이 학습지로 브라이스의 진짜 수학 능력을 측정하는 것은 불가능했다. 실제 시험 문제 몇 개를 살펴보자.

덧셈이나 뺄셈을 해서 답을 찾으시오.

문제1 이스트랜드 학교에서 운동회가 열렸다. 학생들은 다양한 경기에 참가 신청을 할 수 있었다. 175명이 개인 달리기에 신청했다. 20개의 2인조 팀(Twenty two-person teams)이 1,500미터 계주에서 경쟁을 벌였고, 36명이 높이뛰기에 참가했다. 경기에 참여한 학생은 모두 몇 명인가?

- 학생들은 다양한 종목에 참가할 수 있다 - 불필요하고 관련 없는 정보
- 20개의 2인조 팀 - 많은 자폐 학생이 그러듯이 브라이스도 이것을 중간 띄어쓰기를 생각하지 않고 22로 읽었다. '덧셈이나 뺄셈을 해서 답을 찾으시오.'라고 했지만, 문제 중간에 보면 덧셈이나 뺄셈 연산 안에서 곱셈도 필요하다. 불분명하고 일관되지 않은 지시는 자폐 학생이 따르기 어려운 부분이다.
- 어떤 학생은 '경쟁을 벌이고' 어떤 학생은 '참가하고' 또 어떤 학생은 '참가 신청한' 것이므로 활동에 '참여한' 학생이 몇 명인지 알 수 없다.
- 이 학습지는 5학년 수준이라고 표시되어 있지만, 플레시 킨케이드 가독성 검사(Flesch-Kincaid Readability Test, 영어 지문의 가독성을 미국의 1~12학년 수준으로 평가하는 테스트 - 옮긴이)로는 9학년 수준이다.

위의 문제를 수학에 정확히 초점을 맞추고 자폐 학생을 생각해서 다시 쓴다면 다음과 같을 것이다.

문제1 이스트랜드 학교에서 운동회가 열렸다. 175명이 개인 달리기 경주를 뛰었다. 40명이 계주 경주를 뛰었고, 36명이 높이뛰기를 했다. 경기에 참여한 학생은 모두 몇 명인가?

다른 문제 하나를 더 살펴보자.

문제2 학교는 운동회 행사에 참여하면 트로피를 수여했다. 부스터 클럽은 상패를 세 개 구매할 계획이었지만, 150달러만 지출하기를 원했다. 그들이 고른 1등 트로피는 68달러였다. 2등 상은 59달러짜리였다. 만일 예산 범위 안에서 구매해야 한다면 3등 상에 얼마를 쓸 수 있을까?

- 첫 번째 문장에서 '트로피'가 언급되어 있다. 그다음 문장에서는 '상패'로 바뀌었고, 다시 '트로피'라고 했다. 네 번째 문장에서는 '상'으로 바뀌었다. 모두 같은 것을 지칭하지만, 수학 문제가 아니라 동의어 연습 문제가 되어버렸고 결과적으로 수학적 의도를 모호하게 만들었다.
- 이 문제의 어휘는 8학년 수준이다. '부스터 클럽'이 무엇인지 아는 아이가 몇 명이나 될까? 식당에서 유아용 의자가 필요한 사람들 클럽을 말하는 것일까? (부스터 클럽은 일반적으로 학부모들이 조직한 학교발전후원회를 말하며, 의자나 카시트 위에 올려놓고 사용하는 유아 키높이용 의자를 '부스터 시트'라고 한다. ─옮긴이)

자폐 학생을 생각해서 말을 바꾸면 이렇게 수정할 수 있을 것이다.

자폐 학생에게 맞는 출제 형식

(문제2) 학부모 단체는 1등, 2등, 3등 팀에게 트로피를 사줄 돈 150달러가
있었다. 그들이 고른 1등 트로피는 68달러였고, 2등 트로피는 59달
러였다. 3등 트로피를 사는 데 쓸 돈은 얼마나 남았는가?

자폐 학생들에게 이런 문제들은 수학적 능력을 평가하는 것이 아니다. 대다수 비자폐인 학생들을 위해 설계된 표준화된 학습지는 학생의 실제 나이와 상관없이 엉망으로 쓰여 있고, 심지어 학습지에 표시된 학년보다 여러 학년 높은 수준의 언어를 사용하므로 사실상 학생의 언어 해독 능력을 평가한다고 해도 틀린 말이 아니다.

비록 이런 문제의 오류를 충분히 이해할 수 있더라도 무엇을 해야 할지 알아내는 것은 교사에게 매우 부담스러운 일일 것이다. 나도 이 점을 충분히 인지하고 있다. 내가 좋아하는 한 교사가 수업이 끝난 후 내게 이렇게 말했다.

"브라이스가 생각하는 방식이 다른 학생들과 다르다는 사실과 관련해서 어머님이 무슨 말을 하시는지는 충분히 이해합니다. 브라이스의 색다른 사고법을 수용하려면 제가 준비한 모든 학습 자료를 검토하고 새롭게 바꿔야 한다는 것도 알겠습니다. 그런데 솔직히 어떻게 해낼 수 있을지는 잘 모르겠습니다. 제가 가르쳐야 할 학생이 150명이나 되거

든요. 어떻게 해야 할까요?"

이 교사는 팀워크 방식을 생각했고, 그녀의 접근법은 제대로 들어맞았다. 교사는 기존 평가 방식이 '중대한 문제'임을 인정했고, 나는 그녀에게 '중대한 시간 제약 문제'가 있음을 인정했다. 그녀가 제안한 해법은 브라이스를 3자 회의에 들어오게 해서 이 문제를 문자가 아니라 마음으로 이해할 것이고, 엄마가 중간 다리가 되어줄 것이라 알리는 방법이었다. 우리는 브라이스가 정보를 정확히 이해할 수 있게 무엇이든 했다. 글을 쓰기도 하고, 논의도 하고, 그림도 그리고, 인터넷 검색도 했다. 나는 우리가 하는 일에 기꺼이 찬성했다. 이 접근법은 브라이스에게 유연한 사고력을 키워준다는 또 다른 이점이 있었고, 과제보다 어렵긴 해도 유용한 때가 많았다. 다른 한편, 교사는 브라이스가 알고 있는 것을 잘 전달할 수 있도록 평가 방법을 수정했다. 특히 설명이 어려운 과제에 대해서는 학교 언어치료사가 개입했다. 그는 브라이스와 수업하는 시간을 이용해 과제를 이해하기 쉽도록 설명했다.

당신에게도 이와 비슷한 상황이 일어난다면, 교육 자료를 더 자세히 살피고 점검할 수 있도록 동기를 마련해준 자폐 학생에게 결국 고마워할 수도 있다. 우리는 우리 생각에 효과가 있을 것 같은 교육 자료를 꽤 오랫동안 사용해 왔고, 그러다가 언젠가 그것이 효과가 없다는 놀라운 증거를 얻게 될지도 모른다. 21세기 세계지도에서 소련(소비에트 사회주의 공화국 연방)의 위치를 찾는 문제를 냈던 사회 과목의 한 학습지가 생각난다. 브라이스는 자기가 태어나기도 전에 사라져 더는 존재하지 않는 공화국을 찾으려다 완전히 녹초가 되고 말았다. 어느 정도 사전 지식이 있어서 브라이스가 구소련 대부분이 오늘날 러시아라고 불린다는 사실을 알고 있으리라 가정하는 것은 형편없는 언어를 사용한 학습 자료만큼이나 합당하지 않다. 이것은 브라이스뿐만 아니라 어느 학생에게나 마찬가지다.

사회적 의사소통도 간과하지 마라

의사소통의 구어적 요소에 지나치게 집중하다 보면, 가르치기 더 어려운 사회적 의사소통의 구체적이지 못한 측면을 간과하기 쉽다. 자폐 학생들은 매우 구체적인 방식으로 언어를 경험하기 때문에 정보를 얻거나 요구를 충족하기 위한 도구로 언어를 사용한다는 생각에서 벗어나려면 지속적인 지도는 물론, 그보다 훨씬 더 많은 훈련과 연습이 필요하다. 광범위하고 방대한 의사소통 의도(Communicative Intent)는 자폐 학생의 의식에 자동으로 존재하는 것이 아니다. 의사소통의 복잡한 측면은 발음과 어휘의 차원을 뛰어넘는다. 사람들은 말을 사용해 서로를 위로하고 칭찬하고 즐거움을 제공할 뿐만 아니라 두려움과 수치심을 일으키고 상대방을 속이기도 한다.

큰아들 코노는 세 살 때 "크은 트럭!"이라고 인사말을 외치며 할아버지 집으로 뛰어 들어가곤 했다. 작은아들 브라이스가 네 살 때 기본적으로 건네던 인사말은 "나는 공룡을 가지고 있어요!"였다. 아이들의 유치원 선생님들은 부드러운 일상 지도와 모범이 되는 행동을 통해 아이들에게 교실에 들어올 때나 어떤 사람을 처음 만났을 때는 "안녕하세요."라고 인사해야 한다는 것을 서서히 가르쳤다.

인사말은 언어를 사회적으로 사용하는 사회적 화용론의 시작이다. 그런데 자폐 학생에게는 이것이 훨씬 더 어렵고 복잡한 문제다. 부탁하기, 인사하기, 협상하기, 항의하기, 지시하기는 흔히 언어를 사용한 과제 또는 기대치다. 그 너머에는 미묘한 뉘앙스, 추론, 비언어적 의사소통의 영역이 있으며, 이 영역에서는 오해와 사회적 고통(Social Misery, 사회적 유대나 지원, 충족감이 부족해서 고립감, 외로움, 심지어 우울증까지 겪게 되는 상태를 가리킨다. - 옮긴이)이 발생할 가능성이 매우 크다. 사회적 의사소통은 크게 세 가지로 나눌 수 있는데, 자폐 학생에게는 세 가지 모두 지뢰밭처럼 어려운 것들이다.

음성언어 의사소통(Vocalic Communication)

자폐 학생은 빈정거림, 언어유희, 관용어구, 암시, 비속어, 추상적인 말과 같이 구어에서 나오는 뉘앙스를 잘 알아채지 못한다. 그들은 너무 단조로운 목소리로 말할 수도 있고, 너무 큰 소리로 말할 수도 있다. 너무 살살 말하거나 너무 빨리 말하거나 너무 천천히 말할 수도 있다.

몸짓언어 의사소통(Kinesthetic Communication)

자폐 학생은 몸짓이나 표정, 감정적 반응(울기, 몸 움찔하기)을 이해하지 못한다. 상황에 맞지 않는 부적절한 몸짓이나 자세를 취할 수도 있고, 시선을 맞추는 의사소통의 의도도 놓칠 수 있다.

공간언어 의사소통(Proxemic Communication)

자폐 학생은 물리적 거리를 이용한 의사소통을 이해하지 못한다. 개인적 경계선이라는 미묘한 영역 규범도 이해하지 못한다. 그러므로 자기도 모르게 '상대방의 공간을 침범하는 사람'이 될 수도 있다. 공간언어 규칙은 문화마다 다르며, 서로 어떤 관계이냐에 따라서도 다르다. 즉, 친밀한 관계, 편안한 사적인 관계, 오직 사회적인 관계, 공적인 관계이냐에 따라 공간언어도 다른데, 자폐 학생들은 이것을 잘 구별하지 못한다. 자폐 학생이 공간언어를 해독하려면 가끔 불가능한 수준의 추론 능력을 발휘해야 할지도 모른다.

모든 교사의 노력이 필요한 일이다

시각적 성향의 자폐 학생은 교사가 원하는 종류의 행동과 반응을 보이기 위해 교사에게 의존하고 교사를 본보기로 삼는다. 그러므로 학생에게 기대하는 것을 말로만 전달하지 말고 행동으로 직접 보여주자. 자폐 학생에게 의미 있는 방식으로 인내심을 가지고 반복적으로 직접 보여주는 것이 가장 좋은 방법이다.

그에 앞서 무엇보다도 학생에게 기본적인 존중을 보여주는 것이 중요하다. 화나거나 심란하거나 불편하거나 감정적으로 예민하거나 감각적 과부하 상태일 때, 학생들은 교사가 가르치려는 것들을 좀처럼 받아들이려 하지 않는다. 이것은 어른도 마찬가지일 것이다. 만일 이럴 때 우리가 격앙된 목소리로 경멸이나 짜증, 조롱이나 비난, 질책을 표현한다면 자폐 학생은 기능적 의사소통과 관련해 어떤 긍정적인 것도 배우지 못할 것이다. 대신에 언어를 무기처럼 휘둘러 상대방을 상처 입힐 수도 있다는 사실만 배울 뿐이다.

운이 좋아서 실력 있는 전문가의 도움을 받을 수 있다고 해도, 자폐 학생에게 어렵고 복잡한 언어와 의사소통 기술을 가르치는 일을 언어 치료사에게만 맡겨둘 수는 없다. 언어 기술은 사회적 기술과 분리해서 가르칠 수도 없다. 두 기술은 어디에나 존재하며 서로 분리할 수 없다. 그런데 이것은 깨어 있는 모든 순간 풀어야 할 숙제가 생기는 것과 동시에 어떤 상황이든 항상 기회가 있다는 의미이기도 하다.

기능적 언어를 가르치는 일에는 공동의 노력이 필요하다. 아이가 인생을 바꾸는 목표를 향해 나아갈 수 있게 하려면 학습의 순환 고리에 있는 모든 교사가 함께 노력해야 한다. 가장 기본적인 형태의 언어라도 단순히 요구나 욕구를 충족시키는 데만 쓰이지 않으며, 매우 아름답고 고상한 형태의 언어는 남들이 자기를 그렇게 봐줬으면 하는 모습으로 자신을 정의하도록 돕고, 사회에서 차지하고 싶은 자리에 대한 소유권을 주장할 힘을 준다는 것을 이해한다면 아이의 인생은 크게 바뀔 것이다.

나를 전인적 존재로
생각해 주세요

'전체는 부분의 합보다 크다.'는 아리스토텔레스의 명언에 대부분의 사람이 수긍할 것이다. 아리스토텔레스는 '마음을 교육하지 않고 머리를 교육하는 것은 진정한 교육이 될 수 없다.'라는 말도 덧붙였다. 철학자이자 과학자였던 아리스토텔레스는 인간을 구성하는 부분들 사이의 필연적 연관성을 이해했다. 상호 연관성 안에서 각 부분이 나머지 부분과 관련해 어떻게 작용하는가에 따라 더욱 조화로워지거나 반대로 영혼이 부서지는 불화가 일어날 가능성이 잠재한다.

어떤 사람들은 자폐 학생을 '부분'으로만 바라본다. 자폐 스펙트럼 장애의 증상이나 특성에 너무 초점을 맞춘 나머지 아이를 전인적 존재로 보지 못하는 것이다. 자폐 학생은 분리해서 수리해야 하는 고장 난 엔진이 아니다. 물론 언어치료사가 말하기 부분을 고치고, 작업치료사가 감각과 미세 운동 부분을 맡아서 치료하고, 물리치료사가 총체적인 운동 부분을 다룬다. 이 부분은 행동 전문가에게 맡기고, 저 부분은 심리학자와 영양사에게 맡기는 방식을 취한다. 모든 분야가 전체 퍼즐을 이루는 소중한 조각들이다. 그러나 서로 적극적으로 통합하지 않으면 우리가 제거하려고 애쓰는 장애물이 실제로 더 확대될 수도 있다.

재활치료사 패티 로딩앤더슨은 이렇게 말한다. "아이들을 대신해 무엇인가를 해주려고 하는 어른들로 아이들의 세상을 가득 채우면서 아이들에게 심리 치료를 받게 하면 안 됩니다. 과연 그것이 아이에게 어떤 메시지를 보내게 될까요? 아이가 삶 속에서 사람들이 서로 관계를 맺고 있음을 이해하고 다양한 상황에서 그런 관계를 쌓을 수 있게 돕는 것이 치료와 언어, 인지보다 더 중요합니다. 만약 다른 사람들과 깊이 연결되어 있다고 느낀다면 아이는 다른 일을 추구하는 데 필요한 내적 동기를 스스로 찾을 것입니다."

패티가 말한 관계를 아이에게 제공하지 못할 때, 우리는 순응을 배움으로 착각하는 매우 심각한 위험에 빠진다. 우리는 아이가 특정 상황에서 특정 행동을 하거나 특정한 말을 하게 할 수는 있다. 하지만 행동의 근본적 이유를 다루지 않거나 언어와 의사소통의 기능과 유용성을 제대로 전달하지 않으면 아이는 여전히 맥락에 맞는 말과 행동을 하지 못할 것이다.

우리는 말이 왜 의사소통의 여러 구성 요소 중 하나일 뿐이고, 태도의 단순 반복이 왜 사회적 이해와 같은 것이 아닌지 이미 살펴봤다. 행동의 기저에 깔린 감각적, 감정적 원인을 검토하지 않고 행동 변화를 꾀한다면 전체 그림을 보지 못한다는 것도 이해했다. 그러므로 아이를 순응하게 만드는 것은 완전한 답이 되지 않을 것이다. 사회적 기대에 부응하는 시늉만 하는 것이 아니라 그 이상을 할 수 있는 전인적 아동이나 어른으로 이어지지 못한다면 불은 껐을지 모르지만 그 자리에 탁한 물웅덩이가 생기기 마련이다.

자폐 학생을 전인적 존재로 보기 위한 전제 조건

자폐 학생을 가르칠 때 얼마나 성공할 수 있을지 아닐지는 장애에 대한 우리의 고정관념에 따라 크게 달라진다. 패티 로딩앤더슨 같은 재활치료사들은 평소 매우 다양한 가족 혹은 교사들과 협력하는데, 도움을 얻기 위해 그들을 찾아오는 부모나 교사들이 정확히 두 부류로 분리되는 것을 보면 섬뜩할 정도라고 이야기한다. 사람들에게 "자녀에 관해(또는 학생에 관해) 제가 어떤 점을 알아야 할까요?"라고 질문하면, 첫 번째 부류의 사람들은 "아이는 아주 밝고 활기찹니다. 바깥 활동을 무척 좋아하고 지식도 풍부합니다. 아이가 교실에 앉아 더 집중하고 그래서 반 아이들과 수업을 즐길 수 있게 하려면 어떻게 도와야 할까요?"라고 말한다. 두 번째 부류의 사람들은 "아이가 매우 산만하고 부주의합니다.

항상 시끄럽게 떠들고, 주변을 난장판으로 만들고, 자기 자리를 벗어나고, 엉뚱한 소리를 합니다. 자신을 통제하는 법을 배울 필요가 있어요."라고 말한다.

두 가지 태도 중 어느 쪽이 아이를 전인적 존재로 보는지, 어느 교사가 학생과 더 성공적인 관계를 형성하는지, 어느 교사의 학생이 더 성공적인 학습자가 되고 더 나아가 더 지혜로운 어른으로 성장할지는 분명하다.

우리는 이미 자폐 스펙트럼 장애의 복잡한 성질을 인정했다. 자폐의 증상이 무엇인지뿐만 아니라 자폐의 특성이 아닌 것이 무엇인지도 자세히 살펴본다면 자연스레 자폐 학생을 전인적 존재로 보게 될 것이다.

• **자폐 학생의 모든 행동이 자폐의 결과로 나오는 것은 아니다.** 모든 인간은 타고난 성격이 있으므로 당신의 학생에게도 자폐와 별개로 나타나는 개인적 특성이 존재한다. 고양이털에 집착하거나, 음식을 거부하거나, 강아지 사료를 먹는 것은 자폐 학생들만 하는 행동이 아니다. 달리기, 독서, 곤충학, 특정 기계에 대한 집착과 열정은 반드시 자폐에서 유발된 것이라 볼 수 없다. 이 모든 행동은 한편으로는 자신의 경계를 확장하고 다른 한편으로는 자신만의 장점을 찾으려는 성장기 아동에게서 볼 수 있는 모습이다. 자폐가 이런 행동에 영향을 미칠 수는 있지만, 반드시 이런 행동의 이유는 아니다.

• **자연스러운 전형적 발달도 일어날 것이다.** 유치원부터 초등학교까지 브라이스는 명랑하고 지칠 줄 모르는 부지런한 학생이라는 평가

를 꾸준히 받았다. 그래서 중학교에 입학한 후 한 교사가 "아이가 신경질적이고 불평이 많습니다."라고 말했을 때 나는 깜짝 놀랐다. 교사는 비난의 의미로 한 말이 아니었다. 브라이스에게 이 말을 들려줬을 때 아이는 별일 아니라는 듯 웃으며 대답했다.

"네, 맞아요! 전 십 대잖아요!"

그 교사는 브라이스의 행동이 자폐 때문이 아닌 사춘기의 자연스러운 특징임을 잘 알고 있었다. 게다가 사춘기 청소년이 교사가 자신을 바라보는 시선보다 친구들이 자신을 어떻게 보는지에 신경을 쓰는 것은 특별한 일도 아니다. 학교에서 친구들과 신경질적이고 불평을 털어놓는 대화를 나눈 후 마음이 조금 가라앉은 브라이스는 집에 돌아오자마자 초등학교 때 같은 반 친구였던 제시(가명)를 기억하는지 물었다. 몇 년 전 다른 곳으로 이사한 아이였고, 내 기억에는 좋은 여자아이였다. 그래서 그 아이가 다시 우리 동네로 이사 왔고 브라이스와 수업을 몇 과목 같이 듣는다고 했을 때 기뻤다.

브라이스는 조금 망설이다가 말했다.

"걔가 그러는데, 내가 많이 변했대요. 전에는 착한 아이였는데, 지금은 뭐랄까, 심술쟁이 같대요."

브라이스는 그 말이 사실이라고 생각했을까? 아이는 순순히 인정했다.

"네. 맞아요. 전 가끔 심술궂게 굴어요."

그러나 나는 뭔가 달라지고 있음을 알 수 있었다. 전형적인 십 대 청소년에게 심술궂은 태도는 교사를 상대하는 재미있는 방법일지 모르지만, 친한 친구에게 보여줄 만한 멋지고 좋은 모습은 아닐 것이다. 그 일이 있고 얼마 지나지 않아 브라이스는 다시 내가 알던 다정하고 착한 아이로 돌아왔다.

차이점보다 공통점에 주목하라

교사로서 당신은 자폐 학생이 가진 차이점보다 또래들과 공유하는 공통점에 주목하고 이것을 강조해야 한다.

- 자폐 학생에게도 미래를 향한 꿈이 있다. 자폐 학생 대부분이 재미있는 직업, 화목한 가정, 스스로 버는 돈, 내 편이 되어주는 인맥 등 독립적인 어른의 모습을 염원한다. 또한 많은 자폐 학생이 운전하고, 투표하고, 배우자 또는 연인과 함께 살고, 부모가 될 것이다.

- 자폐 학생도 유머와 재미를 즐긴다. 당신이 맡은 학생이 유머 감각이 없다고 생각한다면 유머라는 것이 얼마나 주관적인지 생각해 보라. 미국인들은 가끔 영국인의 유머가 이상하다고 생각한다. 그것은 영국인들도 마찬가지다. 나이 든 사람들은 젊은 사람들 사이에서 통하는 유머를 보통 재미없어한다. 어떤 사람에게는 포복절도하게 만드는 농담이 다른 사람에게는 기분 상하는 말이 되기도 한다. 유머는 '보는 사람의 눈'에 달려 있다. 분명 자폐 학생에게도 유머

감각이 있을 것이다. 물론 당신의 유머 감각이나 또래들의 유머 감각과는 다를 수 있다. 그러니 오히려 이 기회를 통해 다른 사람의 관점을 생각해 볼 수 있지 않겠는가.

- 자폐 학생도 적절하게 조정된 나름의 방식으로 다정하고 사교적인 사람이 될 수 있다. 단합대회나 핼러윈 행진에 몰려든 시끄러운 군중은 그들을 감각 과부하 상태로 빠트릴 수 있지만, 3인 레고 클럽이나 2인 모래성 쌓기 팀은 그들에게도 적당할 것이다.

- 자폐 학생도 집단에 소속될 수 있다. 주변 환경을 잘 조정하면 된다. 야구나 농구, 연극 동아리, 밴드 솔로 연주 같은 경우 기대치가 아이를 압도할 수도 있지만, 모든 시선이 자기에게 쏠리는 듯한 과도한 압박감 없이 팀의 일원이 되는 방법도 많다. 일반적으로 단체 운동 종목과 비교하면 수영이나 육상 같은 운동은 개인의 성적을 지향한다. 합창반에서 노래하기, 학급 연극을 위한 배경 그리기, 학교 행사에서 사진 찍기도 누구나 즐길 수 있는 팀 활동이다. 동물보호소나 무료급식소에서 자원봉사를 하는 기회는 아이들을 더 큰 세상으로 이끌 것이다.

- 자폐 학생에게도 감정이 있다. 감정과 기분에 관해 아이와 허심탄회하게 의사소통하는 것은 다소 어려운 일일 수 있다. 대화하는 것 자체가 전반적으로 힘들 수 있고, 아이가 자신의 감정이 무엇인지

알고 표현하는 것은 더욱 어려울 수 있다. 주변 어른들이 생각하는 것과 달리 자폐 학생들은 자기가 느끼는 감정을 묘사할 수 있는 단어를 아직 모르는지도 모른다. 자기감정을 보여주거나 전달할 수 없다고 해서 이 아이들이 인간의 무한한 감정을 경험하지 않는다는 의미는 아니다. 자폐 학생들이 다른 사람의 감정을 알아차리고 공감하고 식별할 수 있도록 도우려면 우리는 먼저 아이들의 가슴속에 우리와 같은 감정이 살아있다는 것부터 인정해야 한다.

• 자폐 학생도 대다수 사람과 마찬가지로 주변 사람들에게 호감을 얻고, 친구를 사귀고 싶어 한다. 어떤 일을 무척 하고 싶거나 배우고 싶은데, 단지 어디에서부터 시작해야 할지 몰라 막막했던 적이 있다면 그들의 심정을 조금은 이해할 수 있을 것이다. 사회적 의사소통에는 여러 복잡한 기술이 필요하다. 자폐 스펙트럼 장애가 있는 많은 학생은 사회적 기술을 제대로 배운 적이 없을 가능성이 크다. 아이들이 원하지 않아서 이런 기술을 가지지 못한 것은 절대 아니다.

아이에게 가장 이익이 되는 결정을 생각하라

교사로서 우리는 외부의 도움이나 새로운 접근이 필요한 때를 잘 알아차려야 한다. 학교와 교사가 아무리 열심히 노력해도 이런 노력이 그저 아이에게 잘 맞지 않을 때가 있다. 그때를 잘 알아차려야 한다. 이런 순간 아이를 위한 팀은 큰 그림 속에서 아이를 전인적 존재로 보고, 개인의 자존심과 과거의 후회되는 일은 고려 사항에서 빼고, 아이에게 가장 이익이 되는 결정을 내려야 한다.

"절대 포기하지 마!"라고 끊임없이 담금질하는 문화에서는 자존심을 버리고 물러서는 일이 무척 힘들 수도 있다. 다행히 나는 그런 경험을 꽤 많이 해서 내려놓는 것의 가치와 그것에 뒤따르는 놀라운 결과를 이해한다. 팀의 구성원이나 특정 프로그램 또는 특정 접근법이 학생에게 적절한 도움을 줄 수 없을 때, 이 사실을 인정한다고 해서 실패한 것은 아니다. 이것은 아이의 요구를 최우선시하는 중요한 본질이다. 진심으로 아이가 성공하기를 바라는 마음에서 포기하는 것은 오히려 가장 용기 있는 행동이다. 2장에서 살펴봤듯이, 자폐 스펙트럼 장애인의 삶에서 절대 포기하지 말라는 말에 대한 보다 강력하고 현명한 응답은 때때로 "내려놓아라, 아니면 끌려 다닌다."이다.

때로는 나 자신을 내려놓고 나보다 더 좋은 기술과 흠잡을 데 없는 경력을 지닌(즉, 실패한 경력이 없는) 사람에게 상황을 맡기는 것이 훨씬 적절하고 현명한 일일 수도 있다. 나는 브라이스에게 자전거 타는 법을 가르치려고 수년 동안 별짓을 다 했지만 결국 성공하지 못해서 너무 속상했다. 나중에 알고 보니 이 일은 여러 전인 교육 수업을 모아놓은 축소판에 가까웠다. 이 이야기의 행복한 결말은 내가 자전거 타기 기술을 가르치기에 적합한 사람이 아니며, 가르치려고 더 열심히 애쓸수록 일이 점점 꼬이기만 한다는 것을 스스로 인정함으로써 가능했다. 브라이스에게 자전거 타는 법을 가르치는 일은 특수체육 교사인 사라 스펠라가 자원해서 맡아줬는데, 그녀는 채 한 시간도 되지 않아 미션에 성공했다.

여기에서 중요한 사실은 내가 과감히 자존심을 버릴 수 있었다는 사실이다. 어쩌면 나는 브라이스에게 자전거 타는 법을 가르칠 수 있어야 했다. 큰아들에게는 으레 그 나이가 되면 배워야 한다고 생각한 나이에 자전거 타는 법을 가르치는 데 성공했기 때문이다. 그러나 브라이스에 대해서는 외부의 도움을 받는 것이 유일한 해결책인 지경에 이르렀다. 내가 자전거 타는 법을 성공적으로 가르친 경험이 없어서 실패한 것은 절대 아니었다.

'내 학생은(또는 내 자녀는) 할 수 있는데, 내가 그것을 가르치기에 적합한 사람이 아닌 것 같다. 내가 가르치는 방식이 아이에게 필요한 방식이 아닐지도 모른다.'라고 인정할 수 있으려면 용기와 솔선수범이 필요하다고 사라 스펠라는 조언했다.

브라이스가 자전거 타는 법을 배울 수 있었던 것은 모든 잠재의식적 기대가 제거되었기 때문이다. 브라이스는 사라 선생님과 체육관에 남아 단둘이 연습했다. 그래서 연습용 보조 바퀴를 비웃을지도 모르는 동네 아이들의 흘끗거리는 시선과 형에게 자전거 타는 법을 성공적으로 가르친 경험이 있는 엄마에게서 벗어날 수 있었고, 해마다 휴가를 위해 차고에 준비된 요괴 같은 다른 자전거를 생각하지 않을 수 있었다. 넘어지더라도 울지 말고 용감해야 한다고 억지로 마음을 다잡을 필요도 없었다.

"아이들이 주변 환경에서 자신에 관한 정보를 얼마나 많이 얻는지 알면 놀라실 거예요." 사라가 내게 말했다. 아이를 향한 잣대는 "계속 노력해!"라고 말로 표현하는 기대감의 형태이든, 내 아이가 아직 할 수 없는 것을 다른 아이가 해내는 것을 보면서 표현하는 무언의 기대감 형태이든 결코 아이와 멀리 있지 않다. 교사로서 그리고 아이를 가르치는 부모 교사로서 우리가 해야 할 일은 교육 환경이 아이에게 어떤 영향을 미치고 어떻게 학습을 방해할 수 있는지, 변화가 필요한 때가 언제인지 늦지 않게 알아차리는 것이다.

자폐 학생을 복잡하면서도 완전한 존재로 존중한다는 것은 이 책에서 논하는 전인적 아동과 전인적 교사 같은 다른 개념들과 마찬가지로 틀림없이 순환하는 개념일 것이다. 아이뿐만 아니라 당신의 발달 타임라인 역시 기꺼이 받아들이고 존중하라. 교사와 부모의 발달 과정에 대해 패티 로딩앤더슨은 이렇게 말한다.

"우리는 늘 아이의 발달 과정을 생각합니다. 그런데 교사나 부모, 전문가들도 일련의 발달 과정을 거칩니다. 우리라고 장애아를 양육하거나 가르치는 데 필요한 기술과 지식을 처음부터 가지고 태어난 것은 아니니까요. 우리 역시 아이와 나란히 함께 성장해야 합니다. 하지만 이런 사실을 고려하지 않는 제도가 우리 주변에 너무 많습니다. 아이와 관계를 형성하는 동안, 우리 자신의 성장도 보살펴야 한다는 것을 기억하세요."

'전체는 부분의 합보다 크다.'라는 아리스토텔레스의 명언에 해당하는 새로운 단어가 있다. '협력'을 뜻하는 그리스어 '수너고스Sunergos'에서 파생된 '시너지Synergy'이다. 2300년이나 된 이 지혜를 마음에 새기고 실천할 때, 우리는 아이의 어떤 부분도 놓치지 않았다고 자신 있게 말할 수 있을 것이다.

내게 많은 것을
질문해 주세요

호기심은 교육의 기본이 되는 것이다. 만일 고양이가 호기심 때문에 죽었다면, 나는 그 고양이가 숭고한 죽음을 맞이했다고 말할 것이다.

– 영국의 저명한 작가이자 연설가, 아놀드 에딘보로Arnold Edinborough

인간 뇌의 작동에 관해 인류가 수천 년에 걸쳐 축적해 온 지식 중에서도 자폐증은 비교적 새로운 분야에 가깝다. 자폐증이라는 용어는 1943년 오스트리아 출신의 소아 정신과 의사 레오 캐너Leo Kanner 박사의 논문에 처음 등장했다. 하지만 우리에게 여전히 수수께끼처럼 느껴지는 자폐 증상들이 있다는 데 대부분 동의할 것이다. 각자 나름의 방식으로 이해할 수 없는 자폐 증상을 마주하게 된다는 것도 인정할 것이다. 어떤 사람들은 자폐증에 관해 알려지지 않은 것들을 '지식을 얻고 신나는 도전을 할 수 있는 수단'으로 받아들이고, 또 어떤 사람들은 그런 미스터리를 위협적인 혼란으로 여기고 피하려 할 것이다.

나는 교사가 되기로 선택한 사람들 대다수는 첫 번째 그룹(즉, 평행 학습자나 어느 정도의 위험을 감수할 줄 아는 지식 추구자)에 마음이 끌리리라 생각한다. 내가 아는 교사들 대부분이 '때때로 수수께끼 같은 자폐 학생의 마음에 닿아서 아이 인생에 긍정적인 영향을 미치고 싶다'라는 진실한 바람을 가지고 학생을 살폈다. 학부모들은 최고의 교사들을 '아이의 발아래로 횃불을 비춘 존재'라고 부를 것이다. 그렇다면 겉으로 무심하고 초연해 보이고 무슨 생각을 하는지 알 수 없는 자폐 학생들을 위해 교사들은 어떻게 불꽃을 일으키고 횃불을 만들어 길을 비추는 것일까?

교사가 불꽃을 일으킬 때도, 교사와 학생이 하나의 팀을 이룰 때도, 호기심은 불꽃을 일으키는 부싯돌이면서 동시에 훌륭한 연료가 된다. 탐구적 사고와 끝없이 질문하는 정신은 인간이 발전하기 위한 밑바탕을 이룬다. '질문하는 사람들은 알고 싶어 한다'라는 신문 광고문구가 있다. 대부분의 어린아이들에게는 이 말이 잘 들어맞는다. 아이들은 세상에 관해 질문하고, 또 질문한다.

당연한 일이기는 하지만, 가끔 아이들은 질문으로 우리를 지치게 만들기도 한다. 두 아들 중 호기심이 더 많은 아이가 물었다. '방귀도 무게가 나가요?' '여자의 배는 그 안에 아기가 자라고 있어서 둥근 거예요?' '어떻게 아기를 삼킨 거예요?' '왜 사람들은 땅바닥에서 떨어지지 않는 거예요?' '오렌지를 오렌지색이라고 부른다면 바나나를 노란색이라고 부르면 안 되잖아요?' '초록색 샴푸도 있고 보라색이나 오렌지색 샴푸도 있는데 왜 거품은 다 흰색이에요?' '해골도 사람이에요?'

알베르트 아인슈타인이 '정규 교육에서 호기심이 살아남는다면 그것은 기적이다.'라고 말한 적이 있다는 사실을 알고 있는가? 만약 내가 학교 교사라면 나는 학생들이 호기심을 잃지 않도록 무엇이든 하려고 할 것이다. 그러나 당신의 자폐 학생은 전형적인 어린아이의 호기심을 가져보지 못했을 수도 있다. 호기심을 발휘하려면 위험을 상당 부분 감당해야 한다. 길에서 벗어나기도 하고, 아직 보이지 않거나 미지의 것들을 위해 지금 손에 쥔 것을 놓아야 한다. 어떤 자폐 학생들에게는 이런 것들이 너무 무리한 요구일 수 있다. 감각 기능 장애를 고려할 때, 이 아이들이 경험하는 세상은 말 그대로 너무 울퉁불퉁해서 위험을 감수하는 대담함을 기대할 수 없을 것이다.

새로운 경험에 호기심을 갖도록 자극하라

전형적 발달 과정을 거치면서 자립심이 생겨나기 시작한 비자폐 아동들은 선천적 호기심을 마음껏 충족할 수 있다. 자폐아들과 달리 일반적인 아이들은 지옥처럼 어수선한 여섯 감각 양식에 방해받지 않으며, 동시에 자신에게 들어오는 감각 입력을 쉽게 처리하고, 자신과 비슷하게 사고하는 사람들과 의미 있는 관계를 형성할 수 있다. 그래서 자기가 겪은 많은 경험이 고무적이고 재미있고 유용하다고 생각한다. 저울이 그들에게 유리하게 기울어져 있으므로 비자폐 아이들은 무릎과 감정에 상처와 멍이 생겨도 이리저리 몸을 구를 수 있다. 호기심에 투자한 대가로 아이들은 유용한 지식과 정보 같은 상당한 배당금을 얻는다.

앞서 나는 자폐 학생에게 세상이 종종 유쾌한 곳이 아니라고 말했다. 이것은 의심의 여지가 없다. 자폐아는 몇몇 관심 분야에 관해 백과사전 수준의 지식을 가지고 있을지는 모르지만, 길을 가다 마주치는 아주 작은 낯선 동물이나 식물, 돌멩이를 탐구하고 싶게 만드는 일반적인 경이감과 궁금증은 갖지 못할 수도 있다. 자폐아의 저울은 긍정적인 경험 쪽으로 기울지 않을지도 모른다.

덫을 설치하고 그 위에 나무뿌리나 나뭇잎을 덮어 위장한 좁은 길에서 아이는 똑바로 서서 한 걸음씩 나아가기 위해 나름대로 열심히 노력하고 있다. 그러나 새로운 경험이 아이에게 긍정적인 보상이 아니라 패배를 안겨줄 때도 너무 많다. 그래서 아이가 말한다.

"호기심을 가지라고요? 그렇지 않아도 균형을 잃도록 나를 밀고 당기는 일이 주변에 차고 넘치는데, 왜 내가 스스로 더 많은 혼란이 생기게 하겠어요?"

따라서 자폐 학생이 '호기심을 가지고 질문하는 기술'을 키우려면 오직 지속적인 격려와 연습이 뒷받침되어야만 할 것이다. 자폐 학생이 특히 어렵게 생각하는 질문은 사실적 대답보다 훨씬 많은 것을 요구하는 질문일 것이다. 호기심이라는 밑바탕이 없다면 자폐 학생의 세계는 여전히 2차원일 것이고, 학습을 역동적인 경험으로 바꿔주는 무수한 불꽃 또한 뇌에서 반복적으로 일어나지 못할 것이다. 당신은 자폐 학생을 위해 애초에 당신을 교사의 길로 이끈 모든 것을 끌어내야 할지도 모른다. 그러기 위해서는 당신 역시 발견의 전율을 느끼고, 방대한 지식과 그 지식이 구현하는 모든 가능성에 완전히 매료되어야 한다.

브라이스가 아주 어렸을 때, 나는 브라이스가 《호기심 많은 조지(Curious George, 고향인 아프리카 정글을 떠나 사람들이 사는 도시로 간 원숭이 조지의 호기심 가득한 이야기를 담은 동화 시리즈 – 옮긴이)》를 궁금해하도록 구슬릴 수 없었다. 브라이스는 그 책뿐만 아니라 거의 모든 아동 도서를 거부했다. 나는 아이가 왜 그러는지 매우 궁금했고, 반드시 이유를 알아내겠노라고 결심했다. 그리고 마침내 이유를 알았는데, 브라이스는 의인화된 동물이나 어른들이 나쁜 행동을 저지르는 이야기가 싫었던 것이다. 브라이스는 이 동화에 등장한 '노란 옷의 아저씨'를 밀렵꾼이면서 동시에 무책임한 부모라고 여겼다. 곤경에 빠질 것이 뻔한 상황인데도 항상 조지를 혼자 내버려 두기 때문이다. 브라이스는 추상적인 그림보다는 오히려 사진 삽화로 아이나 동물들의 행동을 자연스럽게 그린 이야기를 좋아했다.

호기심에 관해서는 시행착오를 엄청나게 많이 겪어야 했지만, 나는 조심스레 뒷문을 열고 아이의 관심사 영역 안으로 들어가서 아이가 새로운 경험에 호기심을 갖도록 자극하는 법을 배웠다. 브라이스는 해마다 방문하는 사과 농장에 가지 않겠다고 버티다가도 회전식 스프링클

러가 돌아갈 때 몸을 흠뻑 적실 수 있고(브라이스는 물놀이라면 사족을 못 썼다), 떨어진 썩은 사과를 사과나무 줄기에 던지면 멋진 소리가 나고 꼭 토사물처럼 보일 것이라고 말하자 곧바로 나를 따라나섰다.

마침내 충격적인 경험이 될 수도 있었던 중학교 과정으로의 전환이 생각보다 순조롭게 이루어졌다. 원래부터 호기심이 많은 교사를 만난 덕분이었다. 그 교사는 이렇게 말했다.

"저는 브라이스와 유대를 형성하고 싶습니다. 브라이스가 지금까지 본 영화 목록을 정리해서 제게 주시면 좋겠습니다. 그러면 많은 주제에 관해 함께 이야기를 나눌 수 있어요. 그리고 이전에 브라이스에게 효과적이었던 것이 무엇이고, 또 효과가 없었던 것은 무엇인지도 말해 주세요. 어머님이 보시기에 제가 알아야 할 중요한 부분이 있다면 무엇이든 알려주면 좋겠습니다."

자폐 학생의 호기심을 유발하는 것을 알기 위해서는 교사도 호기심을 가지고 자폐아의 사고와 정보 처리 방식을 이해하려는 노력이 필요하다. 의식적으로 품은 생각은 아니라 할지라도 어쨌든 자폐 학생에 대해 품은 모든 선입견을 머릿속에서 깨끗하게 지운다면 더 쉽게 도전할 수 있을 것이다. 자폐 학생에 관해 아무것도 가정하지 않길 바란다. 사실이 뒷받침되지 않은 가정은 추측일 뿐이고, 선입견은 유명한 단편 영화 〈밤비 대 고질라(1969년에 만들어진 2분 미만의 흑백 애니메이션으로 풀을 뜯던 밤비가 고질라 발에 짓밟히는 너무 뻔한 장면으로 끝난다. - 옮긴이)〉만큼이나 분명하게 당신의 호기심과 아이의 호기심을 짓누를 것이다. 옛 속담도 있듯이 다른 사람에게 불을 붙이려는 사람은 스스로 먼저 빛을 내야 한다. 여기 자폐 학생의 호기심에 불을 붙이기 위해 기억해야 할 사항들이 있다.

- 자폐증은 개방형 방정식과 같다. 아이가 '능력의 한계점'에 도달했다는 판단이 서더라도 그것으로 완전히 끝나는 것이 아니다.

- 기존에 사용하던 교육 방법이라도 자폐 학생의 정보 처리와 학습 방식에 맞지 않는다면 이 방법은 잊어라. 비자폐 학생에게 항상 사용했던 전략일지라도 자폐 학생의 뇌 구조 안에서 얼마나 성공적일지 장담할 수 없다. 당신이 늘 해왔던 방식일지라도 기꺼이 바꿔야 한다.

- 호기심이 없는 아이에게 학습 자체에 대한 사랑을 가르치는 일은 어떤 지식을 가르치는 일보다 훨씬 중요하다.

- 다른 학생들과 비교하지 마라. 다른 자폐 학생들과도 비교하지 마라. 자폐아들은 각자 자신의 자폐 스펙트럼 안에서 고유한 자리를 차지하고 있다.

질문은 가장 강력한 접근법이다

우리는 겉보기에 선한 가정으로 길을 잘못 들 수도 있다. 하지만 아이들은 우리에게 호기심을 가지라고 요구하고, 아무것도 가정하지 말라고 촉구한다. 그러면서 우리가 잘못 들어설 수 있는 수백 가지의 길에 불을 비춰준다.

자폐 학생이 바라는 것

- 내가 왜 이해하지 못하는지 도무지 모르겠다면 일단 질문해 보세요. 나는 규칙도 잘 모르고, 규칙이 있어야 하는 이유를 모르거나 이해하지 못할 수도 있어요. 어떤 근본적인 원인이 있어서 내가 규칙을 어기고 있나요? 나도 허락 없이 자리에서 일어나면 안 된다는 것을 알아요. 하지만 선생님의 관심을 끌려고 여러 번 시도했다가 실패한 것일 수도 있어요. 선생님의 규칙은 원래 모순적인가요? 우리한테는 수업시간에 음식을 먹으면 안 된다고 했어요. 그런데 받아쓰기 시험을 잘 보면 사탕을 나눠주잖아요. 그러면서 왜 나는 가방에서 사과를 꺼내 먹지 못해요?

- 나는 선생님의 지시사항을 들었어도 완전히 이해하지 못할 수도 있어요. 어쩌면 어제는 알았지만, 오늘은 기억하지 못할 수도 있어요. 암기식 기억은 잘하지만, 무작위 정보를 기억하는 능력은 좋지 않아요. 내가 선생님이 요구하는 것을 그대로 따르는 법을 안다고 확신할 수 있나요? 매번 수학 학습지를 풀라고 하면 왜 내가 갑자기 화장실로 달려가는지 궁금한 적이 있나요? 문제를 어떻게 푸는지 모를 수도 있고, 공부를 충분히 하지 않아서 두려운 것일 수도 있어요. 어떻게 도움을 요청하는지 몰라서 그러거나 그냥 반 아이들 앞

에서 더는 창피당하기 싫어서 그럴 수도 있어요. 내가 스스로 할 수 있다는 느낌이 들 때까지 선생님이 옆에서 계속해서 필요한 과제를 내고 기술을 연습시켜 줬으면 좋겠어요. 나는 배울 수 있어요. 그리고 배울 거예요. 그러나 분명 다른 아이들보다 더 많은 연습이 필요해요.

• 선생님은 내가 지식과 기술을 배우기를 원할 거예요. 하지만 그럴 수 있으려면 그전에 배우는 과정을 편안하게 생각하는 법부터 배워야 해요.

• 내가 선생님께 하는 질문이든 나에 관한 질문이든, 선생님이 모든 답을 알고 있지 않더라도 "모르겠구나, 하지만 답을 한번 알아볼게."라고 말해준다면 좋은 본보기가 될 거예요. 나보다 더 많이 아는 사람에게 도움을 구하는 것이 영리한 학생의 특징이라고 들었어요. 그것이 영리한 교사의 특징이기도 할 거예요.

우리가 어릴 때부터 사용했던 오래된 기술을 사용하라. 질문하고, 또 질문하는 것이다. 감각이나 운동 능력과 관련된 문제처럼 보이지 않더라도 작업치료사에게 물어보라. 언어와 관련된 문제로 보이지 않더라도 언어치료사에게 물어볼 수도 있다(한 언어치료사에 따르면, 학습 장애 판정을 받은 아동의 80퍼센트가 언어 문제를 안고 있다고 한다). 학생이 대답할 수 없으리라 생각해도 직접 학생에게 물어보라. 원래 의도한 질문을 거꾸로 뒤집거나 참 또는 거짓으로 대답할 수 있게 질문을 바꾸거나, 학생이 자신에게 의미 있는 방식으로 대답할 수 있게 유도하라.

화장실, 라커룸, 뒷방, 뒤뜰 그리고 이 넓은 세상 구석구석 어른들의 눈과 귀가 닿지 않는 곳에서 무슨 일이 일어나는지 우리는 다 알 수 없다. 그러니 호기심을 가지고 아이의 같은 반 친구들에게 물어보자. 아이들의 통찰력은 생각보다 더 놀라울 수 있다. 다양한 전문가와 준전문가, 가족, 보호자에게도 질문하라. 당신이 있는 바로 그곳이 순환 학습이 최고 수준까지 올라갈 수 있는 장소이고, 팀워크가 가장 효과적으로 이뤄질 수 있는 곳이다.

질문은 그저 이유를 묻는 것을 넘어 훨씬 더 많은 가능성을 암시하는 매우 강력한 접근법이다. 당신이 맡은 아이가 자기 주변의 교사든 가족이든 또래 친구든 궁금증을 가지고 조심스레 경계를 확장하는 모습이 눈앞에 그려지지 않는가? '궁금하다'라는 말에 '의문을 품다'와 '경이롭다'라는 두 가지 의미가 있다는 사실이 이 상황에서는 꽤 의미심장하고 적절하게 느껴진다.

선생님을
신뢰하고 싶어요

우리 주변에는 다양한 신념의 옹호자와 지지자들이 있다. 나는 많은 옹호자들 중에서도 특히 "잘했어, 친구!"라고 외치면서 나를 응원한 사람들에 대한 소중한 기억을 간직하고 있다. 호주 태생의 노라 모린 플래너건 셜리 선생은 브라이스 인생에 가장 깊은 영향을 미친 인물 중 한 명이다. 노라는 이미 1장에서도 잠깐 소개했다. 그녀는 3년 동안 브라이스의 보조교사였고, 그 후로 우리는 서로에게 가족과도 같은 존재가되었다. 브라이스와 노라의 만남은 순전히 운명에 가까웠다. 둘은 1997

년 같은 날에 캐피톨 힐 학교에 도착했고, 모두 유치원 특별학급에 배정되었다. 두 사람은 2004년 같은 날에 학교를 떠났다. 노라는 은퇴했고, 브라이스는 중학교로 진학했다.

6월의 어느 오후, 우리는 마지막으로 학교 앞 인도에 함께 서 있었다. 그때 나는 '브라이스는 이곳에 온 첫날과 비교하면 아주 많이 자란 것 같은데, 노라는 그때나 지금이나 달라진 게 없어 보여. 어떻게 그럴 수 있지?' 하고 속으로 생각했다. 더 생각할 시간이 없었다. 브라이스가 산들바람에 셔츠 자락을 나부끼며 날개를 펴고 나는 듯이 산책로를 따라 빠르게 움직였다. 우리에게서 도망치는 게 아니라 자기 인생의 다음 단계를 찾아 행복하게 그리고 자신 있게 달려가는 것만 같았다.

브라이스를 지도하는 몇 년 동안 노라는 매일 나에게 그날에 있었던 일을 적은 가정통신문을 보냈다. 그 덕분에 나는 브라이스가 교실에서 보내는 일상생활이 어떤 모습인지 잘 알 수 있었다. 몇 년이 흐른 후, 나는 뒤늦게 노라가 매 순간 어떻게 브라이스를 위해 디딤돌을 놓을 수 있었는지 궁금해졌다. 그녀의 집 뒤뜰 베란다에서 한참 대화를 나누다가 나는 브라이스를 어떻게 그렇게 잘 다룰 수 있었는지 물었다. 그녀는 어깨를 한 번 으쓱하더니 "아주 간단해요. 아이가 나를 신뢰했어요." 라고 대답했다.

"아주 간단해요. 아이가 나를 신뢰했어요."라니! 이것이야말로 모순에 가까운 말이 아닌가? '신뢰'는 인간관계에서 가장 복잡하고 위험 부담이 큰 개념 중 하나일 것이다. 자폐를 겪는 사람에게는 더욱 그렇다. 그런 신뢰를 노라는 어떻게 쌓을 수 있었을까?

노라는 "우리는 브라이스에게 뭘 해야 한다고 말하지 않았습니다. 그저 그 일을 하면 어떤 좋은 일이 일어날 수 있는지 보여줬어요. 그래서 브라이스가 우리를 신뢰한 것입니다."라고 대답했다. 브라이스는 교사가 요구한 일을 해내면 즐거운 결과가 뒤따른다는 것을 배웠다. 노라는 "내가 직접 하지 않으면서 브라이스에게 하라고 강요한 적은 한 번도 없습니다."라고 덧붙였다.

"핑거 페인트를 섞는 일이든 운동회에 참여하는 일이든 과학 실험을 하고 나서 정리하는 일이든 우리는 늘 어른과 아이가 함께 했어요."

아침 내내 햇살이 내리쬐는 베란다에서 노라와 나의 대화는 부메랑처럼 다시 신뢰라는 핵심문제로 돌아왔다. 부메랑의 사전적 의미가 '그것을 던진 사람에게 다시 돌아오도록 설계된 도구'임을 생각하면 적절한 은유라는 생각이 들었다. 노라의 부메랑이 호를 그리며 그녀에게 돌아오기까지 무엇을 얻을 수 있었을까? 그것은 서로를 향한 존중이었다. 노라에 대한 브라이스의 확고한 신뢰는 브라이스에 대한 노라의 변함없는 존중과 브라이스가 세상을 바라보는 시각으로 구성되어 있었다.

노라가 존중을 보여줄 때마다 팀의 기반이 강화되었다. 그 결과, 브라이스는 자폐 스펙트럼 장애에도 불구하고 스스로 용감하게 세상 밖으로 나가서 새로운 경험을 시도하고, 사회성 문제와 학업적 도전에 잘 대처하고, 위험을 합리적으로 인지하고 감수할 수 있는 자신감이 충만한 아이로 성장했다. 노라는 다음에 나열한, 브라이스에게 필요한 것들을 충분히 존중했고 브라이스의 하루는 노라의 존중이 이끄는 로드맵 그 자체였다.

- 예측 가능하고 정해진 일과
- 궁지에 몰리거나 곤란한 상황에 빠지거나 지시받는 것이 아니라 자신에게 선택권이 있다는 느낌
- 적절한 시각적 신호
- 개인 공간 제공과 촉각 방어 및 학습을 방해하는 다른 감각 문제에 대한 수용
- 어려운 과제나 활동에 적응하거나 준비할 수 있는 추가 시간

자폐 학생은 프랑스 철학이나 르네 데카르트의 '나는 생각한다. 그러므로 나는 존재한다.'라는 말을 이해하기 힘들 것이다. 그러나 만일 자폐 학생이 이 명언을 바꿔 말할 수 있다면 이렇게 말할 수도 있을 것이다. "나는 신뢰한다. 그러므로 나는 할 수 있다."

자폐 학생의 신뢰를 얻기 어려운 이유

신뢰는 학습의 기반이지 부가물이 아니다. 자폐 학생은 자신의 사고법과 정보 처리 방식, 행동과 반응을 이해하지 못하는 세상과 끊임없이 상호작용해야 한다. 어린아이의 순진함 때문에 대부분의 비자폐 학생들은 권위 있는 사람을 거의 맹목적으로 신뢰한다. 하지만 자폐 학생은 그런 순진함을 이미 상실했을지도 모른다. 제니퍼 매킬위 마이어스의 말대로 '창피함과 공개적인 당혹감을 이용해 가르치려고 하는' 어른들

과 벌써 몇 차례 실랑이를 벌였을지도 모른다. 그런 경우가 너무 많아서 아이가 얻게 되는 교훈이라고는 '우리는 당신을 신뢰할 수 없습니다.'라는 것밖에 없을 수도 있다.

요즘 교육에서는 터무니없이 많은 부분이 측정 가능한 단위의 학문적 지식을 기초로 한다. 그러므로 신뢰는 물론이고 존중과 수용, 친절처럼 측정할 수 없는 귀중한 기본 요소들을 놓치기가 너무 쉽다. 이런 요소들이 성공적인 학습과 성공적인 삶의 토대를 이룬다. 그러므로 이 토대 위에 측정 가능한 학문적 지식을 구축하는 일이 토대를 대체하거나 심지어 이 토대보다 더 우선시되어서는 안 된다.

자폐 학생에게 신뢰가 아닌 혐오감을 일으키는 교사의 모습을 과감하게 알렸던 제니퍼가 이제는 반대로, 그리고 놀랍게도 학생의 신뢰를 얻고 학생의 삶에 지대한 영향을 미치는 교사의 모습을 학생의 관점에서 소개한다.

우리 반 아이들은 모두 학교 도서관에 있었어요. 각자 보고서를 작성할 예정이었거든요. 그런데 나는 잠시도 가만히 있지 못했어요. 모든 아이가 스스로 알아서 과제를 수행하느라 도서관이 너무 혼란스러운 상태였고, 그래서 나는 가만히 앉아 있을 수가 없었어요.
이번이 몇 번째인지 모르겠지만, 나는 또다시 도서관에서 부적절한 과잉행동을 보이고 말았어요. 그때 라인 선생님이 복도로 같이 나가자고 했어요. 선생님은 놀라운 행동을 보여줬어요. 먼저 내 행동이 다른 학생들을 산만하고 짜증 나게 만들고 있다고 설명한 후에 아이들이 과제를 하는 동안 내가 방해하지 않으면 좋겠다고 말했어요. 선생님은 나도 보고서를 쓸 능력이 충분하다고 말했어요. 하지만 내가 도서관 책상에 가만히 앉아 있기 어렵고 다른 학생들과 함께 공부할 수 없다는 것도 잘 알고 있다고 했어요. 선생님은 내가 과제를 할 수 있으려면 무엇이 필요한지, 자신이 무엇을 도와야 하는지 물었어요.

나는 정말 뭐라고 대답해야 할지 몰랐어요. 내가 아는 것이라곤 '각자 알아서 과제를 해야 할 때마다 정말 미쳐버릴 것 같다'는 것뿐이었어요. 선생님에게 무슨 말을 해야 할지 아무것도 떠올릴 수 없었어요. 무엇을 요청해야 하는지 몰라도 그것 자체는 중요하지 않았어요. 정말 중요한 것은 내가 어떤 행동을 보였을 때 선생님이 소리를 지르거나 나를 꾸짖는 대신 왜 그렇게 행동하는지, 어떻게 도와야 할지 모르겠다고 인정했다는 거예요.

지난 몇 년 동안 나는 '일부러 문제 행동을 보이는, 학습 의욕이 없는 지진아'라는 말을 들었어요. 그러다가 마침내 나에게 벌어지는 일을 제대로 이해하지 못했다고 인정하는 선생님을 만난 거예요. 세상에서 가장 경이로운 일이었어요. 선생님은 거들먹거리지 않고 솔직했어요. 내 행동의 원인을 게으름이나 동기 부족에서 찾으려 하지 않고, 선생님 자신도 분명하게 이해하지 못했음을 인정했어요. 나도 내 행동이 혼란스러웠기에 선생님의 고통을 이해하고 공감할 수 있었어요.

선생님에게 무엇을 요구해야 할지 몰랐지만 그건 중요하지 않았어요. 나는 선생님을 위해서라면 깨진 유리 조각 위라도 기어갔을 거예요. 선생님은 진심으로 나를 신경 썼고, 내가 통제할 수 없는 행동을 보였을 때도 나를 비난하지 않았어요. 학교에서 여전히 여러 문제가 있었지만, 나는 선생님을 위해 최선을 다했어요.

내 행동은 늘 사회성 결핍이나 감각 문제, 엄청난 양의 불안감이나 두려움과 관련된 것이었어요. 선생님들은 대부분 나에게 꼬리표를 붙이고 적대적인 선입견으로 스트레스를 주면서 불안감과 두려움, 고통이 더 심해지도록 만들었어요. 하지만 라인 선생님은 달랐어요. 그분은 내가 만난 최고의 선생님이에요.

나도 제니퍼처럼 '솔직히 아이가 왜 그렇게 행동하는지 이해할 수는 없지만, 그래도 왜 그런지 알아보자.'라는 생각이 '아이는 스스로 마음만 먹는다면 얼마든지 할 수 있다.'라는 생각보다 훨씬 더 건설적이라는 것을 일찌감치 깨달았다. 전자의 반응은 존중과 기꺼이 배우려는 마음에서 나오고, 후자의 반응은 오만과 자폐 스펙트럼 장애에 대한 이해 부족 그리고 치명적인 관심 부족에서 나온다. 이것은 '아이가 나를 힘들게 한다. 어떻게 해야 아이를 멈출 수 있을까?'와 '아이가 힘들어한다. 어떻게 아이를 도와야 할까?'의 차이다.

예를 들어, 교사나 부모가 '어른들이 자폐아를 특별대우하는 것은 다른 가족이나 학생들에게 불공평하므로 주의해야 한다.'고 말할 때마다 참으로 당혹스럽다. 첫째로 신경학적 필요에 근거한 편의는 특별대우가 아니다. 안경을 써야 볼 수 있는 아이에게도 우리는 특별대우를 베풀지 않는가? 둘째, 많은 어른이 생각하는 '공평'의 개념을 자폐 학생에게 적용할 때는 한 가지 함정이 있다.《자폐 어린이가 꼭 알려주고 싶은 열 가지》의 독자들이 종종 나에게 고맙다고 하는 이유가 '공평'에 대한 설명 때문이다.

'공평'은 자폐 학생에게 매우 당혹스러울 수도 있는 모호하고 부정확한 용어 중 하나다. 자폐아는 공평이나 불공평에 관해서 생각하지 않지만, 자신의 요구와 규칙 사이의 균형을 맞추기 어렵다는 것을 잘 알고 있다. 교사나 부모나 코치로서 우리는 일반적으로 '공평'을 편파적이지 않고, 한쪽으로 치우침이 없이 공명정대하고, 선입견이 없다는 의미라고 생각한다. 집안 규칙, 교칙, 팀 규칙은 각각 형제, 학생, 팀원들에게 동등하게 적용된다. 그러나 자폐 스펙트럼 장애는 그 자체만으로 이미 '기울어진' 운동장을 만들고 운동장에 '큰 구멍'을 낸다. 애초부터 모든 것이 평등하지 않다. 그러므로 '공평'이라는 개념에 관한 생각은 바뀌어야 한다. '공평'은 모든 것이 절대적으로 같아야 한다는 의미가 아니다. '공평'은 모든 사람이 필요한 것을 얻을 때를 말한다.

반박할 수 없는 방식으로 공평의 정의를 보여주는 유명한 그림 하나가 있다. 세 아이가 야구장 울타리 뒤에서 야구 시합을 구경하고 있다. 한 아이는 도움 없이도 울타리 너머로 볼 수 있을 만큼 키가 크다. 나머지 두 아이는 그러지 못하다. 그중 한 아이에게 밟고 서 있을 수 있는 작은 상자를 제공했고, 키가 가장 작은 아이에게는 더 큰 상자를 줬다. 이제 세 아이 모두 울타리 너머를 볼 수 있다. 아이들이 동일한 대우를 받은 것은 아니지만, 그 덕분에 모두가 똑같이 시합을 볼 수 있었다. 아이들 각자가 얻은 것은 결국 공평했다.

이 문제에 관해서 우리 모두 거울 속 자신을 냉정하게 들여다보자.

솔직히 말해서 우리가 자폐 학생에게 '특별대우를 하지 않는 것'은 때때로 우리의 게으름을 감추는 수단이거나 무엇을 해야 할지 모른다는 사실을 인정하지 않으려는 자세 때문이다. 이런 태도는 때로는 분명 비열한 짓이다. 나는 자폐가 있는 아들의 취향을 존중하지 않는 한 엄마의 이야기를 들은 적이 있다. 견과류가 들어간 쿠키와 견과류가 들어가지 않은 쿠키를 만들 수 있게 반죽 덩어리를 두 개로 나눠야 하는데, 그녀는 그렇게 하지 않았다. 그녀의 아들은 견과류가 입안에서 돌처럼 느껴지기 때문에 견과류 쿠키를 먹는 것이 두렵다고 말했다. 그러나 엄마는 견과류를 좋아하고, 게다가 쿠키가 너무 먹고 싶다면 아이는 견과류가 들어간 것도 기꺼이 먹을 것이다. 아이는 모든 것을 자기가 원하는 대로 할 수 없다는 것을 배워야 한다. 엄마의 방식을 따르던가 아니면 쿠키를 포기해야 한다. 엄마는 아들에게 '특별대우'를 하지 않았다. 만일 모든 순간이 학습의 순간이라면 이 아이는 엄마에게서 무엇을 기대할 수 있다고 배웠을까?

자폐를 겪는 아이의 감각에 기반한 타당한 선호를 엄마가 수용할 수 있느냐 없느냐는 우리가 자폐 학생의 다름을 존중하면서 학생의 권한을 강화하고 긍정적인 방식으로 요구를 충족하고 선택할 수 있는 능력을 길러주는 문제의 축소판이다. 이런 관계의 역학이 없다면 신뢰는 쌓일 수 없다. 지혜로운 선택은 운명을 좌우하는 인생 기술이다. 자폐 학생은 다른 아이들과 마찬가지로 이 기술을 길러야 한다. 그러나 출발선까지 가는 것도 그들에게는 매우 어려운 일이다. 효과적인 의사 결정 기술은 오직 신뢰가 쌓이고 학생의 권한이 강화된 분위기에서 가르칠 수 있다. 다른 기술과 마찬가지로 역량을 기르기 위해서는 오직 오랜 연습이 있어야 한다. 자폐 학생은 다음과 같이 말할 것이다.

자폐 학생이 바라는 것

- 나에게 진짜 선택권을 주세요. 내가 "아니오."라고 대답했을 때 받아들일 생각이 없다면, 내게 선택권을 주거나 "무엇을 하고 싶니?"라고 묻지 마세요. "지금 책 읽고 싶니?"나 "윌리엄과 과학 실험 파트너 할래?"라는 물음에 내 솔직한 대답은 "아니요."일 수도 있어요. 나에게 제시한 것이 진정한 선택권이 아니라면 나는 선생님을 신뢰하기 어려워요.

 선생님은 매일 누리는 여러 가지 선택을 당연하게 생각할 거예요. 선택권이 있고 선택할 능력이 있으면 내 인생을 내 맘대로 할 수 있다는 것을 알고 있을 테고, 그러면서 끊임없이 여럿 중에서 하나를 선택하겠죠. 나는 선택할 수 있는 범위가 훨씬 제한적이에요. 그래서 나에 대해 자신감을 느끼기 어려울 수도 있어요. 가능할 때마다 내게 선택할 기회를 주세요. 그러면 나는 결정하는 연습을 할 수 있고, 내 주변의 사람과 활동에 더 몰두할 수 있어요.

- '해야 하는 일'을 선택의 문제로 바꿀 수 있다면 나는 더 빨리 배울 수 있어요. 그 방법은 "종이 맨 위에 이름과 날짜를 적어라."라고 지시하는 대신에 "이름을 먼저 쓰고 싶니? 날짜를 먼저 쓰고 싶니?"나 "이름과 날짜 중 어떤 것을 먼저 쓰고 싶니?"라고 질문하는 것처럼

아주 간단한 방법이에요.

- 일단 정했으면 합의한 사항을 지켜주세요. 시간이 늦었다고 컴퓨터를 사용할 시간을 15분에서 5분으로 줄이거나, "오, 잠깐만. 그거 대신에 이거 하자."라고 말하며 활동 도중에 선택을 바꾼다면 선생님에 대한 신뢰가 떨어질 거예요. 항상 구체적으로 생각하는 자폐 학생의 사고방식대로라면 거래는 거래예요. 나와 선생님 모두에게 해당하는 말이에요.

- 나에게 선택권을 주는 것은 학습면에서도 큰 도움이 돼요. 하지만 나는 선생님이 나에게 선택권을 줄 수 없을 때도 있다는 것을 알아야 해요. 그럴 때는 이유도 같이 설명해 주세요. 내가 상황을 충분히 이해할 수 있다면 크게 좌절하지는 않을 거예요.
  - "이 상황에서는 너에게 선택권을 줄 수 없구나. 매우 위험하기 때문이야. 네가 다칠 수도 있어."
  - "대니에게 좋지 않은 영향을 줄 테니(다른 아이에게 부정적인 영향을 미치기 때문에) 그런 선택을 하게끔 그냥 둘 수 없구나."
  - "평소에는 너에게 많은 선택권을 주지만, 이번에는 어른의 선택이 필요하단다."

이번에는 어른의 선택이 필요하다. 우리는 자폐 학생의 학습과 기대의 선행 단계로서 신뢰부터 쌓기 위해 노력할 수 있을까? 자폐 학생이 보이는 언어적, 행동적 피드백을 정당하고 타당한 것으로 존중하고 소중하게 여기면서 그것에 맞춰 행동할 수 있을까? 우리가 선택하기를 거부한다면 그것도 사실상 하나의 선택이라는 것을 인정할 수 있을까? 우리의 새로운 신조로 '우리는 신뢰의 가치를 신뢰한다.'는 어떤가!

나를 진심으로
믿어주세요

나는 아이의 능력을 진심으로 믿는다는 것과 아이에게 할 수 있다는 자신감을 심어주는 것이 무엇을 의미하는지 생각해 보기 위해 이번 장을 쓰기 시작했다. 이것은 매우 중요한 문제다. 그런데 최근 몇 년 동안 성인 자폐인 공동체에서 점점 큰 목소리를 내는 메시지가 하나 있다. 자폐인이 자폐와 관련한 본인의 경험을 이야기할 때 우리 사회가 그 말을 믿지 못한다면, 자폐인이 유능하고 소중하고 생산적인 개인으로서 사회에 완전히 통합되는 것을 방해하는 큰 걸림돌이 된다는 것이다. 자폐 학생은 "너의 능력을 믿는다."라는 말이 무엇을 의미하는지 이해하기에 앞서 "너를 믿는다."라는 말부터 이해하고, 이 말을 좀 더 자주 들을 필요가 있다.

내가 참여하는 소모임에서 한 할머니가 손자에 관한 가슴 아픈 이야기를 들려줬다. 이 할머니의 손자는 문제 행동을 했다는 이유로 학교에서 귀가 처분을 받아 집으로 돌아왔는데, 다른 사람과는 말하려고 하지 않고 오직 할머니만 찾았다. 왜 그랬을까? 아이가 할머니에게 이유를 설명했다.

"아무도 내 말에 귀를 기울이지 않아요. 아무도 내 말을 믿지 않아요."

아이는 학교에서 지속적인 괴롭힘을 당하고 있다는 사실을 계속 주변에 알리려고 노력했다. 하지만 아무도 도와주려고 나서지 않자, 결국 자신을 괴롭힌 아이들과 같은 방법으로 보복했다. 아이는 피해자이기도 했지만, 자기 행동의 결과로 벌을 받았다. 할머니는 그날을 가리켜 '당사자의 말을 다 들어봐야 한다는 교훈을 얻은 날'이라고 했다.

자폐 스펙트럼 장애를 겪는 많은 이는 자신의 장애와 관련해서 가장 어려운 부분이 '아무도 나를 믿지 않는다.'라는 것이라고 말한다. 그들이 겪는 어려움이 감각 문제이든 사회적 상황이든 인지 장애든, 그것에 대한 사람들의 반응이 부정적일 때가 너무 많다는 것이다.

"이거 맛없어요."
"아냐. 너에게 좋은 거야."

"이해가 안 돼요. 어떻게 해야 하는지 모르겠어요."
"그렇다면 더 열심히 해봐."

"무슨 말인지 이해가 안 돼요."
"내 눈 똑바로 보고 잘 들으면 돼!"

"너무 밝아요. 너무 시끄러워요. 너무 소름 끼쳐요. 너무 추워요."
"그렇지 않아. 마음을 다스려야지. 어깨 펴고 고개 들어!"

앞선 이야기 속 할머니와 손자의 경우가 분명히 보여주듯이 어른들의 시선만이 믿을 수 있는 유일한 관점이라고 생각하는 것이야말로 유의미한 의사소통과 문제 해결 그리고 학습을 방해하는 가장 확실한 방법이다.

믿음의 가치를 믿는다는 것

만일 당신이 한 번이라도 '내 말을 믿어주세요.'라는 문장으로 말을 시작한 적이 있다면(우리 중에 그런 경험이 없는 사람이 누가 있을까?), 남이 나를 믿어주기를 바라지만 대다수 사람과 달리 그것을 당연하게 생각할 수 없는 아이의 입장에서 생각하기가 그리 어렵지 않을 것이다.

'아이를 인정할 때 얻을 수 있는 힘과 영향력을 절대 과소평가하지 마세요.'라는 글은 자폐인이면서 성장해서 교육자가 된 내 페이스북 구독자가 쓴 것이다. 그녀는 '나에게는 나를 믿고 나에게 맞는 환경을 찾기 위해 싸워준 어머니가 있어서, 1학년 때 학교를 세 곳이나 다니며 가장 좋은 곳을 찾을 수 있었어요.'라고 했다.

하지만 자폐 학생들이 항상 '진짜로' 의사소통하는 것은 아니므로 마구잡이로 아이들의 말을 무조건 믿는 것에 반대한다는 구독자도 있었다. 때로는 그것이 사실일지도 모르지만, 진정으로(이것은 주관적인 말이다) 의사소통하는 법은 자폐가 있든 없든, 아이들이 평생에 걸쳐 계속 배워야 하는 과정이다. 우리는 우선 아이들에게 어떤 방식을 사용해서 말하든 간에 우리가 진중히 경청하리라는 것부터 알려줘야 한다. 그런 후에 계속 의사소통을 진행해야 한다.

만일 어떤 아이가 유니콘을 타고 학교에 갔다고 하면 나는 절대 "아니야. 그럴 리가 없어. 유니콘은 진짜가 아니야."라고 반응하지 않을 것이다. 대신에 "와, 나는 유니콘을 한 번도 본 적이 없어. 정말 궁금하다. 더 얘기해 줘!"라고 반응할 것이다. 그런 다음 아이의 말에 귀를 기울이며 아이가 전달하려고 하는 것과 왜 그런 식으로 말하는지 이해하는 데 도움이 될 수 있는 질문을 할 것이다. 간접적 의사소통이 반드시 진정한 의사소통이 아니라는 말은 아니다. 하지만 우리가 아이를 믿지 못할 때 아이가 얻는 상처는 생각보다 오래 갈 수 있다. 제니퍼 매킬위 마이어스는 수십 년이 지난 지금도 초등학교 저학년 때 겪은 일을 생생히 기억한다.

정말 이해할 수도 없고 답답했던 것은 내가 거짓말을 할 이유가 없고 아무 잘못도 하지 않았는데 선생님들이 나를 믿으려고 하지 않는다는 것이었어요. 2학년 보건 시간에 우리는 음식 먹을 때 숨이 막히는 것을 방지하기 위해 음료를 마시기 전에 입안의 음식물을 모두 삼켜야 한다고 배웠어요. 나는 선생님에게 그렇게 하지 못하겠다고 따로 말씀드렸어요. 음식물을 목구멍 아래로 내려주는 음료를 마시지 않으면 한 입도 삼킬 수가 없었거든요. 그때 선생님의 반응은 어땠을까요?

"아, 내 생각에는 넌 할 수 있어. 조금 더 노력할 필요가 있겠구나."

나는 지금도 음료를 마시지 않고는 음식물을 삼킬 수 없습니다. 그때도 절대 그럴 수가 없었고요. 게다가 내가 거짓말을 하는 것도 아니고 게을러서 그러는 것도 아니라고 선생님을 이해시킬 수가 없었어요. 그 선생님은 학생들 사이에서나 교사들 사이에서 가장 인기 있는 교사였고, 나를 포함해 모든 학생이 그분을 좋아했어요. 그러나 그는 나의 구강 운동이 다른 아이들과 다를 수 있다는 사실을 받아들이지 않았고, 감각 문제가 진짜로 일어나는 문제라고 믿으려 하지 않았어요.

내가 신뢰하거나 기댈 수 있는 어른이 없다는 것을 알게 된 게 바로 그해였어요. 내가 만나는 모든 사람이 내가 어떤 생각을 하고 어떤 기분이고 무슨 일을 겪는지 나보다 더 잘 안다고 믿었고, 내 말이 그들의 믿음과 다르면 그냥 무시했어요. 자폐 학생으로 산다는 것은 사실 끝없는 가스라이팅의 세계에서 사는 것을 의미했어요.

그것은 힘겨루기라기보다 사람들이 서로 다르다는 것을 이해하지 못하는 것이었어요. 내가 책을 읽을 때면 과도하게 집중하기 때문에 가끔 아무것도 듣지도 보지도 못한다고 말해도 내 말을 믿지 않을 때와 같은 거예요. 선생님들은 내가 무엇인가에 몰두하고 있을 때 '고집스럽게 선생님을 무시한다'라고 하면서 화를 냈어요. 다른 사람의 상황을 이해할 수 있는 상상력이 충분하지 않았던 거죠.

학생의 말을 믿는 것에서 학생의 능력을 믿는 것으로 넘어가는 문턱은 항상 결정적인 경계선은 아니지만, 능력이나 지위에 상관없이 모든 아이가 겪어야 할 과정일 것이다. 2005년 아카데미 시상식에서 구슬 장식의 빈티지 디올 드레스를 입고 시상대에 오른 여우주연상 수상자 리즈 위더스푼Reese Witherspoon은 그야말로 눈이 부실 만큼 아름다웠다. 그녀의 수상 소감도 드레스만큼이나 멋졌다.

"부모님과 이 자리를 함께할 수 있어서 저에게는 정말 축복입니다. 항상 저를 자랑스럽게 생각해 주셔서 두 분께 감사하다고 말하고 싶습니다. 제가 침대를 정리하고 있든 영화를 찍고 있든 상관없이 부모님은 제가 얼마나 자랑스러운지 말하는 것을 절대 주저하지 않았습니다. 자녀에게 그것은 아주 많은 것을 의미합니다."

나는 믿음의 가치를 믿는다. 어떤 재능을 가지고 있든, 아이들은 거의 모두 사회적 고정관념이 암시하는 것보다 많은 것을 성취할 수 있는 잠재력을 가졌다. 오늘날의 아이들은 대부분 자기가 생각하는 것보다 훨씬 많은 것을 해낼 능력을 지니고 있다. 이것은 아이들이 자기 능력을 믿을 수 있도록 도울 때 가장 중요한 척도가 된다. 그러므로 만일 당신이 아이가 할 수 없는 모든 것들을 자꾸만 떠올리기 시작했다면 우리가 가진 가장 강력한 단어 중 하나인 '아직'이라는 말을 잊지 말고 덧붙여라. 이것은 '우리 아이가 작년 이맘때는 할 수 없었는데 지금은 할 수 있는 일이 뭐지?' 하고 스스로에게 묻는 것처럼 간단한 일이다.

믿음은 순환적이며 모든 방향으로 진행된다

8장에서 우리는 '교사-학생 관계'의 밑바탕이 되는 신뢰에 관해 이야기했다. 신뢰를 형성하는 가장 빠른 길은 아이가 배우고, 무엇인가를 하고, 무엇인가 될 수 있다는 믿음을 키우고, 그런 믿음을 아이에게 전달하는 것이다.

많은 성인 자폐인이 내게 하는 말이 있다. 그들은 어렸을 때 말로 전달할 수 있는 것보다 훨씬 더 많은 것을 감지할 수 있었고, 그중에서도 가장 잘 감지할 수 있었던 것은 어른들이 자기를 '해낼 수 있는 아이'로 생각하는지 아닌지였다고 한다. 기대가 너무 작은 것도 과도한 기대를 하는 것만큼이나 그들의 의욕을 꺾었다. 그들은 학생의 장애가 교사로서 앞으로 나아가려는 의지를 강하게 만들 뿐이지 다른 어떤 본질적 한계도 부과하지 않는다고 믿는 교사를 만나거나, 무한한 잠재력에 이를 수 있는 길을 손으로 가리키기만 하는 게 아니라 그 길로 직접 인도하는 교사를 만난다면 학생들이 크게 성장할 것이라고 말한다.

학습이나 행동, 소통과 신뢰처럼 믿음도 순환적이다. 믿음은 양방향으로 진행된다. 사실 모든 방향으로 진행된다. 좋든 나쁘든, 당신이 선택하는 행위에 따라 믿음은 전염된다. 당신의 제약 없는 믿음을 자녀나 학생에게 전달한다면 아이 역시 당신에 대한 믿음을 갖게 될 것이다. 어른에 대한 믿음은 아이가 익숙하지 않은 경험도 시도하게끔 용기를 북돋우고 힘을 실어준다(많은 자폐 학생에게 새로운 시도는 매우 어려운 일이다). 우리에게는 끈질긴 인내심이 필요한 대장정이었지만, 브라이스는 마침내 새로운 것에 접근할 수 있을 만큼 주변의 어른들을 신뢰하는 단계에 이르렀고, 어른들이 자기를 성공 가능성이 없거나 불안정한 상황으로 내몰지 않으리라고 확신했다.

실제로 볼 수 없는 것도 기꺼이 믿으려는 인류의 오래된 특성을 고려할 때, 자폐 학생에 대한 진정한 믿음을 갖는 것이 그렇게 어려운 일만은 아닐 것이다. 인류의 종교가 대부분 그런 믿음에 기반을 두고 있고, 문학 역시 믿음의 순간들로 가득 채워져 있다. 우리가 요정을 믿지 않으면 팅커벨은 사라진다. 그런데 팅커벨을 그런 곤경에 빠트리면서 《피터팬》을 읽은 사람이 우리 중 누가 있을까? 인상적인 뮤지컬 〈왕과 나〉에서 왕은 열대 기후의 시암(지금의 태국)에서 자란 아이들이 안나 선생이 하얀 눈을 설명해도 믿지 않는다는 이유로 아이들을 호되게 나무란다. 안나는 왕에게 아이들이 실제로 눈을 본 적이 없다고 말하면서 상황을 수습하려 한다. 그러자 왕은 "본 적이 없다고?"라고 쩌렁쩌렁한 목소리로 말한다. "보이는 것만 믿는다면 학교가 왜 필요하겠소?"

내가 '진정으로 믿는 사람'이라는 지위를 얻는 여정에서 그 출발점이 되어준 사람은 6장에서 소개한 사라 선생이다. 특수체육 교사인 사라는 브라이스를 데리고 마라톤이나 다름없이 수 마일을 달렸다. 그중에서도 가장 놀라운 업적은 브라이스에게 이륜 자전거 타는 법을 가르친 것이다. 사실 나는 아이에게 자전거 타는 법을 가르치기 위해 2년 동안 해보지 않은 일이 없었다. 사라는 "내가 가르칠게요. 점심시간을 잠깐 이용하면 돼요."라고 말했고, 우리는 브라이스의 자전거를 학교로 가져와 잠금장치가 있는 체육관 장비 보관실에 넣어두었다. 사라는 15분짜리 수업 세 번에 해당하는 45분도 채 걸리지 않고 임무를 완수했다. 그러고 나서 몇 년 후 나는 사라와 대화하다가 브라이스가 자전거를 배운 원리가 자폐아에게 전형적인 방법이었는지 물었다.

"모르겠어요. 브라이스가 처음이어서요. 실제로는 유일하죠."

"뭐가 처음이고 유일하다는 말이에요?" 나는 어리둥절해서 물었다.

"내가 자전거 타는 법을 가르친 최초이자 유일한 자폐 학생이에요."

"말도 안 돼요!" 나는 믿을 수 없었다.

"다른 아이들은 다 어디 갔어요?"

"그 아이들은 자전거를 배우지도 타지도 않습니다."

사라는 다시 믿음에 관한 자신의 신조를 이야기했다.

"여기서 중요한 것은 자전거가 아니에요. 어머니는 브라이스가 할 수 있다고 믿었고, 그 믿음을 아이에게 서서히 불어넣어 줬어요. 브라이스는 스스로 자전거를 배우고 싶어 했어요. 물론 어머니를 위해서 그러려고 한 것도 있습니다. 그런데 모든 부모와 교사가 아이를 믿는 것도 아니고, 또 모든 아이가 그것을 느끼는 것도 아니랍니다."

그날 우리는 한 시간 동안 대화를 나눴다. 그녀는 체육 교사였지만 신체적 능력이나 운동 기술에 관한 이야기는 거의 하지 않았다. 사라는

"지금까지 내가 가르친 아이들을 보면, 모두 주변 어른들이 자기가 해 낼 수 있다고 믿는지 아닌지 단번에 감지하는 선천적 감각을 가지고 있어요."라고 말했다.

비탄과 부정에서 벗어나는 법

교사든 부모든 아이를 가르치는 사람들이 완전한 믿음으로 가는 길에서 줄곧 미끄러지는 데는 여러 이유가 있다. 때로는 자폐 스펙트럼 장애와 자폐 학생의 잠재력에 관해서 잘못된 정보를 얻거나 정보를 제대로 얻지 못하는 것이 이유일 수도 있다. 그러나 그보다 훨씬 더 자주 접하는 이유는 부모와 전문가 모두 아이의 장점과 장애 정도를 올바르게 이해하지 못하고 비탄의 과정(Grief Process)에 너무나 쉽게 갇힌다는 것이다. 하지만 우리는 같은 상황이라 해도 '비탄에 빠질 일'이라고 부르지 않을 수도 있다. 대부분의 상황은 전형적으로 비탄할 일처럼 보일 수도, 그렇게 보이지 않을 수도 있다. 심지어 우리가 인지조차 못할 수도 있다. 그러나 우리가 다음과 같이 행동한다면 정확히 비탄할 일이 될 것이다.

- '절대 하지 못할 거야.'라는 생각으로 아이에 대한 기대를 제한한다.
- 아이가 잘하는 것을 칭찬하고 진심으로 그것을 장려하는 대신에 아이가 절대 하지 못하리라 생각하는 것을 두고 계속 실망한다.

- 비자폐인의 세계에서는 이상하게 보일 수도 있는 아이의 행동과 습관을 창피하게 여기거나 인내하지 못한다.
- 아이의 사고법이 독특하다는 점을 인정하는 일, 아이가 신체적, 사회적 환경을 다르게 경험한다는 것을 인정하는 일, 감각적, 환경적 또는 생화학적 촉발 요인을 찾아내는 복잡한 일을 적극적으로 하려고 하기보다 아이가 일부러 호전적이거나 게으르거나 위축된 모습을 보이는 것이라는 믿음을 고수한다.

비탄은 늘 상실과 관련 있다. 이것은 대인관계에 국한되지 않고 직업상의 상실이나 실패에도 적용될 수 있다. 우울, 부정, 분노 모두 비탄의 과정에 해당한다. 실패처럼 느껴지는 것으로부터 의식적으로 또는 무의식적으로 뒷걸음질치는 것은 당연한 일이다. 교사든 부모든 우리 스스로 이것을 인정하기란 쉬운 일이 아니다. 그러나 이것이야말로 우리가 진정으로 해방되기 위한 첫걸음이다. 다음에 소개하는 사라의 성공 공식은 어떤 종류의 학습에도 잘 통한다.

- 반복은 익숙함을 낳는다.
- 익숙함은 자신감을 낳는다.
- 자신감은 믿음을 가져온다.
- 믿음은 행동을 가져온다.

능력이라 부르든 장애라 부르든 색다른 능력이라 부르든, 모두 큰 그림의 일부분일 뿐이다. 아이의 성공을 위한 씨앗은 결국 우리에게 있다. 자폐 학생에게 믿음을 심어주기 위해 우리가 할 수 있는 중요한 다섯 가지 규칙이 있다.

1. 단순히 학생을 믿는 것에 그치지 않고, 믿음에 따라 행동하면 변화가 일어날 수 있다. 성공을 경험할 수 있는 상황을 적극적으로 찾아서 학생을 그 상황에 놓이게 하자. 학생이 편안한 방식으로 주도할 기회를 찾거나, 뒤에서 행사 준비를 돕거나, 저학년 학급에 책 읽어주기 같이 학생이 재능을 기부할 수 있는 자리를 마련하자. 제니퍼 매킬위 마이어스가 경험한 교사의 이야기를 기억하는가? 그녀가 사전에 흥미를 보였는데도 교사는 이런 장점을 이용하려고 하지 않았다. 부끄럽게도 교사로서 아이의 장점을 발견할 기회를 놓쳐버린 것이다.

2. 만일 당신이 부모라면 당신은 교사이기도 하다. 가르치는 일에 적극적으로 참여하라. "학교에서 보내는 하루 여섯 시간이든 방과 후 활동을 하는 45분이든, 그냥 아이를 맡겨두고 마는 태도에서 벗어나세요."라고 사라는 조언한다. 아이와 같이 놀고, 여기저기 데리고 다니고, 아이에게 책을 읽어주거나 함께 읽어라. 아이가 어떤 일을 어떻게 하는지 지켜보라. 어떻게 배우고 어느 부분에서 도움이 필요한지 알기 위해 노력하라. 어려운 과제라면 아이에게 알맞도록 더 작은 과제로 나누는 방법을 찾아보라. 아이에 대해 호기심을 가져라.

3. 가족과 친구, 학교 사람들을 포함해 아이의 세상에 되도록 모든 사람을 참여시켜라. 강화의 경험이 쌓일수록 아이는 발전하고 타인을 더 잘 받아들일 것이다. 브라이스는 자기가 참석하는 수영대회와 지역 연극 공연에 선생님들도 함께 참석했을 때 놀라워하면서도 무척 기뻐했다. 브라이스의 두 친구는 이 이야기를 듣고 브라이스가 뛰는 야구팀에 들어오기도 했다.

4. 당신의 학생이나 자녀가 있는 그대로의 모습을 보이도록 허용하라. 물론 이 모습은 당신이 기대하는 모습과 다를 수도 있다. 기대가 너무 높으면 아이는 당신이 바라는 것들을 외면할 수도 있고, 기대가 너무 낮으면 재능이 발견되지 않고 묻히고 만다.

5. 소아과, 책, 웹사이트에서 얻은 성장발달 단계표는 모두 버려라. 그것들은 자폐 학생과는 무관하다. 능력이나 장애와 상관없이 모든 아이는 각자 자기만의 속도로 성장하고 발달할 것이다. 사라는 "어떤 특정한 순서나 특정한 방식으로 성장하는 것이 핵심이 아닙니다. 아이들이 적절한 보살핌을 받고 자신의 행동 방식에 대해 충분한 칭찬을 받는다면 결과적으로 잘 성장할 것입니다."라고 말한다.

교사와 부모로서 우리가 원하는 것은 아마도 긍정적인 과정과 결과, 전진 운동(Forward Movement)과 횡적 성장(Lateral Growth, 다양한 경험을 통해 생각의 폭을 넓히며 자기를 발전시키는 것 – 옮긴이)이라는 공통된 어휘로 설명할 수 있을 것이다. 우리는 우리 자신에게 자주 이렇게 질문해야 한다. "지금 우리의 생각과 행동이 이런 목표에 점점 가까워지고 있는가?

아니면 목표에서 멀어지고 있는가? 우리는 이 아이의 어떤 가능성을 믿는가? 이런 믿음이 아이에게 이로운 운동을 일으킬까?"

모든 운동은 상대적이다. 만일 우리가 가만히 서 있기만 한다면 전문가나 부모로서 아이와 우리 자신을 위해 가졌던 목표도 우리에게서 점점 멀어질 것이다.

아주 오래전 내가 초등학생이었을 때 신기한 경험을 한 적이 있다. 선생님 한 분이 월터 윈틀Walter Wintle(19세기 후반 미국 시인 – 옮긴이)의 '생각'이라는 시가 적힌 종이를 건넸다. 시는 이렇게 시작한다.

만약 졌다고 생각하면 진 거예요.
만약 감히 할 수 없다고 생각하면 못 하는 거예요.
만약 이기고는 싶은데 할 수 없다고 생각하면
절대 이길 수가 없을 거예요.

오늘날의 기준에서는 다소 진부한 시라고 생각하는 사람도 더러 있을 것이다. 하지만 어린아이였던 나는 이 시에 크게 공감했다. 결혼을 하고, 아이들이 태어나고, 특히 내 아이들이 앞으로 다른 아이들보다 더 가파른 오르막길을 만나게 되리라는 것을 알게 되자, 이 시는 내 의식의 표면으로 더 자주 떠오르기 시작했다. 나는 '만약'이라는 작은 단어가 얼마나 강력한 수식어인지 이해하게 되었다. 그러나 그것이 이런저런 평계를 댈 때처럼 하나의 제약이 될지, 윈틀의 시에서처럼 하나의 가능성이 될지는 나의 선택에 달려 있었다.

굳이 믿음이라고까지 부르지 않아도 된다. 확신이나 긍정, 자기 충족적 예언이라고 부를 수도 있다. 어떤 말이든 원하는 대로 부르면 된다. 그러나 현대 사회는 과대광고가 난무하고, 경쟁이 너무 치열하고, 미세한 단위까지 측정하고, 모든 것을 다음 단계까지 발전시키고, 모든 것에 점수를 매기고, 꼭 해야 하는 일과 꼭 소유해야 하는 물건이 있는 세상이다. 이런 사회를 살아가야 하는 아이들에게 나는 더 현실적이고 더 오래가는 것을 제공하고 싶었다. 아이와 함께 지내는 동안에는 아이가 세상에 뿌리를 내릴 수 있도록 돕고, 동시에 한 시간 동안이든 일주일 동안이든 아니면 평생이든 아이가 혼자 밖으로 나가야 할 때가 왔을 때는 아이의 등에 날개를 달아줄 수 있는 방법을 고민해야 했다. 35년 전 선생님이 내게 그랬듯이, 나도 두 아이에게 늘 윈틀의 시를 들려주었다.

삶의 전쟁에서 승자는 항상 더 강하거나 더 빠른 사람이 아니에요.
언젠가 승리하는 자는 '할 수 있다고 생각하는 사람'이에요.

유능하고 독립적인 어른으로
자랄 것을 믿어주세요

지역교육청의 인사 발령으로 크리스틴이 브라이스의 첫 특수교사로 부임한 것은 우리 가족에게 여러모로 큰 행운이었다. 아이의 증상을 확인하고 내 생각 회로가 멈춰버리기 전에, 심지어 내가 자폐 스펙트럼 장애가 무엇인지 제대로 알기도 전에 크리스틴은 이것에 관한 모든 오해를 분명하게 설명했다. 자폐는 창피한 것도 아니고, 징역형도 아니고, 양육이 잘못되어서 나타나는 것도 아니며, 무엇보다 정형화된 것이 아니라고 설명했다.

"그들은 정신이 이상한 아이들이 아닙니다. 그 아이들은 내가 아는 가장 멋진 아이들입니다. 자녀에게 자폐 스펙트럼 장애나 자폐 성향이라는 말을 적용하는 것을 들으면 마음이 아플 수도 있습니다. 이해해요. 하지만 그런 명칭은 필요한 도움을 제공하기 위한 수단 중 하나일 뿐입니다. 브라이스는 잠재적으로 독립적인 어른이므로 당신에게는 그런 도움이 필요합니다."

잠재적으로 독립적인 어른. 이 세 마디 말을 듣고, 나는 나의 장기적인 목표가 무엇인지 바로 깨달았다. 그것은 내가 없어도 브라이스가 괜찮을 거라고 확신하며 세상을 떠나는 것이다. '물고기를 주면 하루를 먹고 살게 하는 것이고, 물고기 잡는 법을 가르치면 평생을 먹고 살게 하는 것이다.'라는 오래된 중국 속담이 머릿속에 떠올랐다. 브라이스에게 물고기 잡는 법을 가르쳐야 했다. 그저 아이를 강으로 데리고 가고 낚싯줄을 던지게 하는 것보다 훨씬 많은 것이 필요했다. 뛰는 법을 배우기 전에 걷는 법부터 배워야 했듯이 자립할 수 있는 어른이 되려면 먼저 독립적인 학생, 독립적인 아이, 독립적인 청소년이 되어야 했다.

독립적인 어른에 이르는 길의 출발점은 부모와 교사가 아이에게 '본업'(즉, 배우는 일)의 대부분을 최대한 혼자 힘으로 할 수 있게 가르치는 것이다. 되도록 많은 일을 아이 스스로 할 수 있게 하는 습관과 기술을 '끈기 있는 지도'로 서서히 주입하는 것이다.

'끈기 있는 지도'라는 말은 끈기와 지도로 나눠서 생각할 수 있다. 첫째, 자폐 학생이 어떤 기술에 능숙해지려면 무수히 반복해야 하므로 끈기가 필요하다. 더욱이 자폐 학생은 또래 아이들과 다르게 기술을 연습할 기회가 훨씬 적을 수도 있어서 그 자체로 매우 불리한 처지에 놓여 있다. 아이에게 필요한 기회를 추가로 만들어 주고, 이 과정이 아무리 오래 걸리더라도 끈기를 유지하는 것은 교사로서, 부모로서 우리가 꼭 가져야 할 자세이다.

둘째, 지도는 가르치고 안내하는 것을 의미한다. 도움이라는 이름으로 부모가 중간에 끼어들어 아이를 대신한다는 말이 아니다. 우리의 목표는 처음부터 끝까지 아이가 스스로 하게 하는 것이다. 지도하는 책무에는 아이의 학습 스타일에 적합한 방법으로 지도한다는 의미까지 내포되어 있다.

자립을 장려하는 것은 그야말로 중요한 일이다. 교사 대부분은 본인들도 부모이므로 '많은 가정이 대체로 지속적인 시간 압박을 받으며 기능한다'는 사실을 잘 알고 있다. 그러나 숙제든 혼자 정리하는 일이든 그 순간의 편의를 위해 어른이 무엇이든 대신한다면 궁극적으로 아이가 독립적인 사람이 되는 법을 배우지 못하게 방해할 것이다. 만일 당신이 아이 가방을 싸고 푸는 일을 매일 한다면, 아이는 필요할 때 자기 물건이 어디에 있는지 어떻게 알겠는가? 또한 물건이나 정보를 어떻게 찾는지, 물건을 정리하는 것이 얼마나 중요한지 어떻게 배우겠는가?

점심 도시락을 싸는 것, 마지막 남은 수학 문제 두 개를 푸는 것, 제시간에 집에서 출발하는 것, 겉옷의 지퍼를 채우는 것도 마찬가지다. 나 역시 엄마이기에 아침이나 저녁에 시간이 조금씩 부족하면 때로는 내가 해주는 것이 더 빠르겠다고 생각할 때도 있다. 그러나 자기 일과와 시간을 계획하는 법을 배우고, 자기를 돌보고, 옷이나 일정, 돈 같은 것을 관리하고, 다양한 도구의 사용법을 익히는 것이 결국 아이를 자립할 수 있게 해주는 기술이다. 아이는 지속적인 반복을 통해서만 이런 기술을 배울 수 있다.

아이와 관련 있는 것을 가르쳐라

아무 맥락 없이 제시된 수학 문제를 보고 자폐 학생은 '목적이 없는 문제 같다.'라고 말할 것이다. 아이는 질문할 것이다.

"이 기술이 어째서 나에게 유용하죠? 이게 오늘 식료품 살 돈이 충분한지 아닌지, 내가 케이크를 만들고 싶을 때 티스푼과 테이블스푼의 차이가 무엇인지를 가르쳐주나요? 단어 목록에 있는 '기하급수적'이라는 단어의 뜻도 모르는데 왜 철자까지 알아야 하죠? 나는 내가 필요하거나 원하는 것을 얻을 수 있도록 도와주는 단어를 알아야 해요. 세계지도에서 에스토니아를 찾을 수 있으면 어떻다는 거예요? 내게 필요한 건 우리 도시 지도에서 도서관을 찾는 거예요."

내 아이들이 다닌 학교처럼 훌륭한 학교에서도 아이와 무관한 교육 과정이 적용되는 것을 보고 안타까웠다. 아이의 특성을 고려하지 않고 진행하는 수업에 나는 여러 번 좌절감을 느끼고 눈물을 보일 뻔했다. 초등학교를 다닐 때 브라이스는 인터넷 검색 초급반 수업에 배정되었다. 그 소식을 듣고 나는 무척 신났다. 하지만 기쁨은 학습지를 직접 보기 전까지였다. 브라이스는 자기가 태어난 해에 그래미 최우수 여자 가

수상을 누가 수상했는지, 스페인과 포르투갈이 토르데시야스 조약을 체결한 해가 언제인지 찾아야 했다. 아이와는 아무 관련이 없는 정보였다. 그것이 인터넷 검색 기술을 배우는 것에 대한 브라이스의 흥미에 어떤 영향을 미쳤을지는 충분히 상상할 수 있으리라(오늘날에는 인터넷 검색이 숨을 쉬는 것과 같지만, 그때는 그렇지 않았다). 그것은 하루 지난 탄산음료보다도 더 김빠지는 일이었다.

검색 기술을 일반화해서 다른 것들을 검색할 수 있는 능력도 없이(3장에서 자폐아는 생각하는 것부터 다르다고 했다) 여러 달을 흘려보낸 뒤에야 브라이스는 인터넷이 흥미롭기도 하고 유용한 정보를 얻을 수 있는 훌륭한 출처라는 것을 알게 되었다. 원래 이 수업의 핵심은 컴퓨터 활용 기술을 소개하는 것이었다. 자전거 도로가 있는 지역 공원이나 주말의 날씨, 좋아하는 작가의 일대기 같은 기능적인 정보나 아이와 관련 있는 정보를 검색하는 과제로 바꾸는 일이 뭐가 그리 큰일이었겠는가. 나는 개별화 교육 프로그램 모임이 있을 때마다 '기능적'이라는 말을 주문처럼 되뇌었다. 나는 기능적인 정보를 원하고, 이것은 우연히도 '재미'라는 의미도 함축한다.

사실 재미는 모든 기능적인 일의 시작이다. 자폐 학생을 포함해서 모든 아이가 일단 재미를 느끼면 더 열심히 배운다. 재미는 탐색의 통로이고, 탐색은 동기부여로 이어지며, 동기부여는 학습의 열쇠가 된다. 재미와 동기부여의 공통점은 관련성이다. 자립으로 가는 길에서 어떤 기술이든 학생의 생활과 흥미를 관련 지어 가르친다면 학생은 더 빨리 배울 것이다. 당신이 일하는 모습을 생각해 보라. 바쁜 업무, 불필요한 일,

지루한 회의에 매일 얼마나 분개하는지 생각해 보라. 누구에게나 에너지와 시간은 한정되어 있으므로 우리는 우리의 모든 노력이 목표에 잘 들어맞기를 원한다. 자폐 학생의 경우도 다르지 않다.

제 역할을 하는 아이로 키운다는 것

우리는 지금까지 이 한 권의 책에서 자폐 학생들이 자신을 둘러싼 물리적 세계와 사회에 관해서 어떻게 생각하고, 어떻게 정보를 처리하고, 어떻게 경험하는지 이야기했다. 그러나 자폐 학생에 관해 더 명확하게 이해하기 위해 우리는 전인적 존재인 이 아이들이 일반적인 발달 과정을 겪는 비자폐 학생들과 여러 면에서 공통된 방식으로 성장한다는 것을 다시 한번 떠올려야 한다. 독립생활 기술은 어른이 되었을 때 자립적인 삶을 살고 싶은 우리 모두에게 공통적으로 필요하며, 자폐 학생이라고 해서 우리가 그런 기술을 가르쳐야 하는 의무에서 벗어나는 것은 아니다. 우리는 오히려 자폐아의 사고법으로 이해할 수 있는 방식으로 가르쳐야 한다.

우리는 자폐 학생의 학습을 방해하는 감각적, 환경적 장애물을 확인하고 그것을 제거해야 한다. 자폐 학생이 이해할 수 있는 적절한 언어로 가르치고, 큰 과제를 작게 쪼개야 한다. 자폐 학생들에게 '일반' 학생들을 모방하라고 가르칠 것이 아니라 장애 안에서도 기능을 다 하라고 가르쳐야 한다. 제니퍼 매킬위 마이어스는 이렇게 조언한다.

"제발 우리를 '정상'으로 만들려고 하지 마세요. 그보다는 제 역할을 할 수 있는 사람이 되고 싶어요. 우리가 발을 떨지 않으려고 모든 에너지와 시간을 집중해야 한다면 제대로 기능하기가 어렵습니다."

주변 사람들과의 관계에서 편안함을 느끼고 자신에게 만족하는 것은 누구에게나 그렇듯 자폐 학생에게도 생득적 권리에 가깝다.

'친구를 얻기 위해 먼저 친구 되어주기'와 같은 살아가는 데 꼭 필요한 무형의 것들을 가르치자. 아무도 완벽하지 않다는 점과 '실수'는 '다시 해보자'의 다른 말임을 알려주자. 그 누구도 독심술을 할 수 없으며, 질문하는 것은 내게 필요한 정보를 얻는 수단인 것과 동시에 다른 사람과 관계를 맺는 수단이기도 하다는 점을 이해할 수 있도록 가르치자.

전구에 불이 켜지는 것과 같은 인지의 순간은 사실 찰나의 순간이 아니라 서서히 장밋빛으로 물들며 동이 트는 것에 더 가까울 수도 있다. 이 점을 생각하며 무형의 것들을 가르치자. 우리는 우리를 목적지에 이르게 할 무형의 가치들을 믿어야 한다. 그러고 나서 손을 놓아주자. 신중한 계획과 단계별 접근으로 아이가 어른이 되는 길 위에 천천히 '자신감의 벽돌'을 차곡차곡 쌓아 올리도록 돕자.

우리의 목표는 결국 자립이다

자폐 학생은 이렇게 말할 것이다.

"나에게 자립이 무엇인지, 그것이 나에게 가져다줄 다양한 가능성이 무엇인지 알려 주세요. 혼자 힘으로 해내는 사람이 된다면, 즉 물고기 낚는 법을 배운다면 낯선 상황에서도 성공을 확신할 수 있고, 다양한 사람들과 어울릴 수 있고, 도전이라는 것이 힘들더라도 가치와 재미도 있다는 것을 이해할 수 있다고 가르쳐 주세요. 처음에는 무섭게 느껴질지 모르지만 나는 자립을 원해요. 자립하는 법을 배우지 못한다면 항상 선생님이나 다른 사람에게 의지할 거예요. 그러면 우리 모두 너무 힘들어질 게 뻔해요."

많은 교사가 '비계(Scaffolding)'라는 용어에 익숙할 것이다. 원래 건설업에서 비계는 건축물을 지을 때 노동자들을 받쳐주기 위해 임시로 설치한 구조물을 의미하는데, 교육학에서 은유적인 의미로 사용하는 비계 역시 이런 정의와 다르지 않다. 건축물이 완성되어 이제 더는 지지 발판이 필요하지 않으면 비계는 제거된다. 간단한 것부터 정교한 것까지 다양한 비계가 있고, 비계의 제거는 단계적으로 일어난다. 어쨌든 최종 결과는 모두 혼자 서 있는 건축물이다.

교육 전략으로서 비계도 같은 개념이다. 특히 자폐 학생의 자립심을 키우는 데 유용한 개념이다. 이 전략에서 교사는 학생을 가르칠 때 과제 수준을 한 번에 한 단계씩 높인다. 새로운 수준의 자립이 이루어지면 지지 발판을 제거한다. 비계를 제거하는 것, 즉 손을 놓는다는 것은 학생과 교사 모두에게 하나의 단계이자 과정이다.

역경을 다루는 법을 가르쳐야 한다

자립으로 가는 여정에서 꼭 필요한 부분이 역경을 다루는 법을 배우는 것이다. 인간으로서 우리의 타고난 불완전성을 받아들이는 것은 누구에게나 어려운 과정이다. 그런데 자폐 학생들에게는 이것이 훨씬 더 큰 도전이다. 왜냐하면 자폐 학생에게 실수는 아예 존재하지 않거나 치명적이거나 이렇게 두 가지로만 나타날 수 있기 때문이다. 따라서 가르칠 때와 건물을 지을 때만 비계를 사용할 것이 아니라, 점진적 실패를 허용할 때도 이 개념을 사용해야 한다. 궁극적으로는 삶에서 만날 불행에 대처할 능력을 키우도록 학생에게 작은 실수를 저지를 수 있는 자리를 일부러라도 마련해줘야 한다.

초보 엄마였을 때부터 나는 한 심리학자에게서 들은 이야기를 늘 마음에 품고 다녔다. 그 심리학자는 어느 날 오후 공원 벤치에 앉아 걸음마기 아이들이 노는 것을 지켜봤는데, 이때 엄마들을 '우르르 쾅!' 엄마와 '어머, 어떡해!' 엄마로 분류할 수 있었다고 한다. 아이가 빨리 움직이다가 몸이 앞으로 기울면서 풀밭이나 톱밥 위로 철퍼덕 넘어지면 '우르르 쾅!' 엄마들은 웃으면서 "우르르 쾅!"이라고 말하고는 손뼉을 치면서 "이제 스스로 일어나야지!"라고 말했다. '어머, 어떡해!' 엄마들은 "어머, 어떡해! 괜찮아?"라고 소리 지르면서 자리에서 벌떡 일어나 아이에게 달려가 아이를 일으키고 옷을 털어주었다. 엄마의 이런 반응을 어떤 아이들은 '울음을 터뜨리라는 신호'로 받아들이기도 했다.

결국 태도가 전부다. 학생이나 자녀를 대하는 당신의 태도는 곧 아이가 당신을 대하는 태도가 될 것이다. 만일 당신이 아이를 유능하고 흥미롭고 생산적이고 소중한 학생이자 가족 공동체의 구성원으로 인정하지 못한다면 아무리 다양한 학습이나 치료가 쌓여도 아이에게 소용이 없을 것이다. 물고기 잡는 법을 가르쳐라. 그러면 평생 먹고 살게 할 수 있다. 자폐 학생에게 물고기 잡는 법을 가르침으로써 우리는 이 책을 시작할 때의 출발점으로 다시 돌아갈 수 있다. 자폐 학생이 우리에게 알려주고 싶은 것들은 '유능하고 독립적인 어른'이라는 미래상을 실현하기 위해 아이가 알아야 할 것들이기도 하므로, 학습이 순환적이라는 긍정적 증거가 될 것이다.

아이는 평생 학습자라는 역할을 받아들일 것이다. 가족, 직장동료, 이웃, 시민으로서 다양한 팀의 일원이 되어 다른 사람들과 관계를 맺을 것이다. 자기 행동에 대한 책임을 이해하고 받아들이며, 필요한 것과 원하는 것 그리고 정보를 효과적으로 전달할 것이다. 아이는 자신의 특이한 사고법을 이해하고, 자신과 다른 방식으로 사고하는 세상에 어떻게 적응해야 하는지 깨달을 것이다.

아이는 자신을 훌륭한 자질을 갖춘 전인적인 존재로 여길 것이다. 아이는 눈으로 볼 수 있는 것을 좋아하고, 자기가 속한 세계에 대한 호기심을 가질 것이다. 스스로를 굳게 믿으며, 유능하고 독립적인 어른이 되리라는 미래상을 가질 것이다. 나는 이제 이 아이가 얼마나 멀리까지 갈 수 있을지 무척 궁금하다.

이야기는 아직
끝나지 않았어요

"책에는 끝이 있지만, 이야기에는 끝이 없어요. 우리는 모두 끝이 없는
이야기에요."

내가 이 책을 어떻게 끝맺을지 고민할 때 브라이스가 말했다. 그래서
끝이 열려 있는 브라이스의 이야기로 이 책을 마무리짓는 게 좋을 듯하
다. 그동안 많은 일이 있었다고 이야기했지만, 브라이스는 모든 과정을
잘 극복했고 고등학교를 졸업할 때는 졸업생 대표가 되었다. 지도 교사
는 브라이스를 가리켜 "겸손하고 품격 있는 학생이며, 그의 의지와 자

긍심이 이 강당을 가득 채울 것이다."라고 소개했다. 브라이스는 대학에서 여러 학위를 취득하고, 성공적으로 직장 생활을 시작했으며, 장기 모범 사원 기록도 가지고 있다. 종종 내게 "자폐인으로 산다는 것이 쉬운 일은 아니다."라고 말하기도 하지만 말이다.

브라이스가 대학 시절 초기에 기말 과제로 쓴 수필이 있는데, 1시간 반에 걸쳐 연필로 빽빽이 써 내려간 이 글에는 자폐 학생으로 성장한다는 것에 관한 심오한 진실이 담겨 있다. 또한 자폐 학생이 고유의 잠재력을 최대로 발휘할 수 있도록 돕는 주변 어른들의 역할에 대해서도 함께 이야기한다. 브라이스의 글은 많은 이들에게 진심 어린 호응을 얻어 여러 출판물에 실렸다. 여기에 이 글을 실으며 학습의 순환 고리를 마무리할 수 있어서 매우 기쁘고 행복하다.

• • •

나는 삶을 낙관하기로 했다

브라이스 노트봄

나는 성장하면서 '만약 어려운 과제를 맡는다면 항상 가장 단순한 방식으로 해결하자.'고 마음먹었다. 단순한 방식에는 늘 끈기가 필요하며, 복잡하고 불필요한 문제를 피하면서 열심히 노력해야 한다는 의미도 포함된다. 이런 마음가짐은 모든 것이 잘 되리라고 믿도록 내게 힘을 불어 넣었다. 예를 들어, 나는 내향적인 사람에 가까운데도 외향적인 사람이 되려고 억지로 노력하는 것처럼, 내가 아닌 내가 되어 스스로를 채찍질하려 했다면 엄청난 스트레스를 받았을 것이다.

만약 내가 일어날 수 있는 최악의 상황에 대해 지나치게 걱정했다면 지금보다 힘든 나날들을 보냈을 것이다. 하지만 나는 낙관적인 사람이고, '자기 자신과 다른 사람에 대해 믿음을 갖는 것이 가장 중요하다'라는 말을 신뢰한다. 자신에 대한 믿음을 가질 때 정말 좋은 점은 우리의 내면이 어떻게 생겼는지 알 수 있다는 것이다. 즉, 우리를 우리답게 만드는 요소가 무엇인지 알 수 있다는 것이다.

어린 시절, 나는 내가 다른 가족과 조금 다르다는 것을 알게 되었고, 때때로 다른 사람들과 잘 어울리지 못한다고 느끼기도 했다. 하지만 그럴 때도 꿋꿋하게 자신감을 잃지 않았다. 그렇게 성장했기에 어떤 일에든 도전할 수 있었고, 인생에서 처음 경험하는 것들이라고 해서 쉽게 포기하지 않았다. 지혜로운 부모님과 가족들 그리고 여러 훌륭한 선생님들과 함께 보냈던 시간을 통해 나는 세상을 긍정적인 시선으로 바라볼 수 있는 사람으로 성장했다. 나는 이런 자세를 '고귀한 낙관주의'라고 부르며, 살아가는 동안 기꺼이 '고귀한 낙관주의자'가 되기로 마음먹었다.

주변을 둘러보면 사람들이 너무 복잡한 환경 속에서 살아가는 것처럼 느껴질 때도 있다. 때때로 나는 그곳에 속하지 못하는 것 같기도 했다. 나는 학습 장애가 있는 학생들을 위한 훌륭한 고등학교에 다녔다. 그곳에서 다양한 기량을 지니고 있으면서도 나와 비슷한 투쟁을 벌이고 있는 친구들을 여럿 알게 되었다. 학교에서 배웠던 것은 머릿속에 무작위로 주입되는 지식만이 아니었다. 나는 이 학교에서 삶을 잘 헤쳐 나갈 수 있는 바탕이 될 기술들을 배웠다. 내가 다녔던 학교보다 더 크고 전형적인 고등학교에 다녔더라면 그런 힘을 키우지 못했을 것이다. 내가 받은 개인 맞춤식 교육과 거기에서 비롯한 정신 단련이 학습 장애의 유무를 떠나 전 세계의 학생들에게 제공되지 않는다는 점은 유감스러운 일이다.

졸업할 때 선생님들은 학생 각자에게 쪽지 하나씩을 건넸다. 내가 받은 쪽지에는 '사회로 나가면 전쟁과도 같은 일들에 정면으로 맞서야 할 거고, 실패와 성공을 마주하게 될 거야. 그것이 삶의 일부란다. 당황할 필요 없어. 너는 분명 잘 해낼 거야. 선생님은 전적으로 너를 믿는다. 이제 시작이야.'라는 가슴 뭉클한 격려의 말이 쓰여 있었다.

이제 나는 대학생이다. 독립적인 어른으로 성장하는 과정을 시작한 지 20년이 지난 지금, 예전보다 한층 더 어려운 단계에 도달한 것 같은 느낌이다. 내 감정은 어렸을 때보다도 더 강렬해졌다. 하지만 내가 느끼는 감정의 강도는 나를 공격적으로 만드는 것이 아니라, 오히려 예전보다 스스로를 더 잘 옹호하면서도 내 주장에 강한 자신감을 보일 수 있게 한다. 나는 내 삶을 다스리는 방식을 스스로 결정할 수 있다고 생각한다. 스트레스는 여전히 거리를 활보하는 적처럼 예고 없이 나를 찾아오기도 한다. 나는 선천적으로 다른 사람들보다 스트레스에 취약하고, 그것에 더 많은 영향을 받는다. 하지만 나에게는 어떤 스트레스라도 잘 이겨낼 수 있다는 확신이 있다. 곤경에 부딪히면 때로는 흔들릴 수도 있지만, 이런 경험 역시 내 마음을 들여다보고 더 강해질 수 있는 과정이기에 나는 기꺼이 낙관주의를 선택한다. 나는 삶을 낙관하기로 했다.

2012년 12월

토론·자기성찰·자기표현을 위한
질문과 프롬프트

이 책의 시작부터 끝까지 우리는 자폐 학생을 담당하는 교사가 되는 것을 어떻게 생각할지를 두고 이른바 가르치는 일의 표준에서 벗어나거나 익숙하지 않을 수도 있는 관점과 언어, 구조와 패턴들을 고려해야 했다. 순환 학습, 학급공동체, 기능적 언어 제공의 정의, 학생과 교사 행동의 상호성, 교육에서 신뢰·호기심·비계의 역할 등 이 책에서 다룬 개념들을 교사라는 페르소나에 통합하려면 일반적인 집단 토론도 분명 유용할 수 있지만, 그보다 더 창의적이고 포괄적인 과정이 필요하다.

질문과 프롬프트 사용법

여기에 제시한 질문과 프롬프트를 이용한다면 사적인 비공개 토론부터 규모가 더 큰 공개 토론까지 다양한 형식의 고찰이 가능하다. 이 질문들은 미처 발견하지 못한 관점을 찾고, 절대 흔들리지 않으리라 생각했던 관념을 되돌아보고, 자신을 새롭게 정의하고 구체화하는 과정을 확고히 하도록 안내하는 것을 목적으로 한다. 자폐아 자녀를 둔 부모라는 사실에서 가장 멋진 부분은 지금까지 나의 시야 밖에 있던 다른 관점들을 발견하고, 그것에서 경이로움을 느끼고, 내가 하는 모든 일에서 다른 사람들의 관점을 찾으려고 노력하고, 그들의 의견을 깊이 고려하게 되었다는 것이다.

나는 부정적인 감정을 완전히 지우는 것이 아니라(세상의 어떤 것들은 분노와 극도의 혐오감을 일으킬 만하다) 단련시켜 더 건설적인 감정으로 바꿀 수 있었다. 그러니 만일 여기에 소개하는 질문과 프롬프트 중에 불편하거나 화나고 짜증 나는 것이 있다면 반대 관점에서 문제에 접근하는 것의 가치를 생각해 보라.

여기에는 도표나 게임, 교재 사용 설명서가 따로 없다. 어떤 프롬프트는 목록 작성이나 적극적 관찰 같은 구체적 행동이 필요하지만, 의도적으로 모호하게 표현한 것들도 있다. 그럴 경우 문자 그대로 해석하거나 아니면 비유적으로 해석할 수 있다. 즉, 구체적 의미로 해석하거나 감정적 의미로 해석할 수 있다는 뜻이다. 아마 당신은 때에 따라서 구체적으로 대답해야 할 수도, 비유적으로 대답해야 할 수도 있다.

어떤 정보나 프롬프트는 헷갈리거나 불편할 수도 있고, 어떤 것은 흥미진진하고 동기를 유발할 수도 있다. 몇 달이든 몇 년이든 어느 정도 시간이 지난 후에 다시 프롬프트로 되돌아가서 자신의 관점이 어떻게 변했는지 확인하는 것도 통찰을 위한 좋은 방법이다.

| 생각하라

굳이 글로 적을 필요가 없다. 종이 없이, 스크린 없이 시작하라. 스마트폰이 없어도 된다. 철자나 문법을 확인할 필요도 없다. 글로 쓰지 않고도 좋은 생각을 떠올리며 막힘없이 자신의 관점을 전개할 수 있다. 자기 생각과 혼자 마주하려면 용기가 필요하다. 종이는 쉽게 없애버릴 수 있지만, 생각 에너지는 그렇지 않다.

| 글로 써라

글을 매개체로 했을 때 좋은 점은 당신이 쓴 글을 원하는 한 계속 작업 중인 작품으로 남겨둔 채 성장하고 변화하는 과정을 지켜볼 수 있다는 것이다. 또한 당신의 글이 자신의 계절을 맞이하고 새순을 내게 할 수 있다는 것이다.

| 토론하라

이 책에 실린 프롬프트는 배우자나 동료, 친구, 가족과 의논하거나 그룹 토론을 진행할 때 그 출발점으로 유용할 것이다. 가능하다면 직접적인 통찰을 얻을 수 있도록 주변의 성인 자폐인을 찾아보라.

| 다른 매개체를 활용하라

소묘, 그림 그리고 여러 다른 예술 매체들이 어떤 사람들에게는 가장 의미 있는 표현 형식이 될 수 있다. 내 책의 외국 번역본 중 몇 편은 글을 주요 의사소통 수단으로 사용하지 않는 자폐인 미술가가 그린 그림을 표지에 사용했다.

교사로서 나를 탐구하는 시간

당신이 운영하는 학급이 순환 학습에 참여할 수 있는 세 가지 방법을
나열해 보라. 아무것도 생각나는 게 없다면 이 책이 순환 학습 기회를
만드는 것에 관심을 가지도록 유도했는지 생각해 보라. 만약 그렇다면
학생에서 교사로, 학생에서 다른 학생으로 또는 다른 수단을 통해 학습
을 장려하기 위해 할 수 있는 일 세 가지를 나열해 보라.

| 학교의 팀 역학은 어떤가?

생산적인가, 아니면 무관심하거나 해로운가? 당신이 그렇게 생각하는
이유는 무엇인가? 만일 생산적인 팀이 아니라면 팀 역학을 개선하기 위
해 무엇을 해야 할까? 실현 가능성이 있든 없든 취할 수 있는 조치를 생
각나는 대로 나열해 보라. 할 수 있다면 문제 해결을 위해 팀 환경에서
이 목록을 공유하라.

| 학생들은 서로에게 책임을 지는가?

상호의존적인 학습 공동체를 만들기 위해 학급 학생들이 서로에게 책
임을 지고 있다고 믿는가? 그렇다고 믿는다면, 또는 믿지 않는다면 그
이유는 무엇인가? 학습 공동체를 이루는 데 장애물이 있다면 무엇일
까? 완전히 포괄적이고 통합된 학급을 만들기 위해 당신은 어떻게 대처
해야 할까?

| 당신의 행동에서 돌이켜보고 싶은 것이 있는가?

4장에서 '나쁜' 행동이나 '부정적인' 행동이라는 것은 없고 그저 의사소통으로서의 행동만 있으며, 어른들 스스로 자기 행동을 솔직하게 검토해야만 아이 행동에 긍정적인 영향을 미칠 수 있다고 했다. 자신의 행동을 객관적으로 검토하는 일은 고통스러울지 모르지만, 그 과정에서 새로운 것들이 드러날 수도 있다. 당신이 수업 중에 보인 행동 중에서 지우고 싶을 만큼 '나쁜' 행동이나 판단을 떠올려보거나 글로 써보라. 그러고 나서 하루 정도 시간이 지나면 그 사건에 대해 다음과 같이 질문하며 파고들어라.

- 왜 그렇게 행동했는가?
- 의식적인 선택이었나? 아니면 본능적이거나 반사적인 행동이었나? 학생에게 단순히 반응을 보인 것인가?
- 학생은(또는 동료나 학부모는) 어떻게 반응했는가?
- 무엇을 해냈는가? 당신의 감정을 하나하나 탐구하라.
- 다시 할 수 있다면 무엇을 바꾸겠는가?
- 아이에게 사과할 일이 있었는가? 그런 일이 있었다면, 사과했는가? 사과하지 않았다면 이유는 무엇인가?
- 해결책을 찾거나 화해했는가?

당신의 학급에 자폐 학생이 있다면 그 학생의 감각 문제를 위해 어떤 편의를 제공했는가? 편의를 제공할 의향은 있는가? 그런 편의에 대해 다른 학생들은 어떤 반응을 보였는가?

| 일상 언어를 점검하라

당신이 생각할 수 있는 모든 관용어구를 나열해 보라. 하루나 이틀 정도 작은 공책을 가지고 다니면서 관용어구를 들을 때마다 모두 적어보라. 관용어구, 말장난, 은유, 동사구, 다른 비유적 화법이 어떻게 일상 언어에 배어 있는지 느껴보라. 자폐 학생이 관용어구의 구체적 의미를 배울 수 있도록 학급 전체가 참여할 수 있는 게임을 만들어보자.

| 자폐 학생의 의사소통 방식을 이해하는가?

5장에서 기능적 의사소통 방식을 제거하는 상상 실험을 했을 때 당신은 어떤 기분이 들었는가? 자폐 학생과 의사소통하는 방식에 변화를 주고 싶은 생각이 드는가?

| 학생들의 유사점을 알고 있는가?

자폐 학생이 다른 학생들과 비슷한 점 20개를 나열해 보라.

| 호기심의 중요성을 이해하는가?

7장에서 '정규 교육에서 호기심이 살아남는다면 그것은 기적이다.'라는 아인슈타인의 말을 인용했다. 이 말의 의미가 무엇이라고 생각하는가? 당신의 학급이나 학교에서 이 말이 현실이 될 수 있는 방법 다섯 가지를 나열하라. 당신의 학급에서 호기심을 장려하는 방법이나 특히 자폐 학생을 위해 호기심을 장려하기 위해 당신이 할 수 있는 일을 다섯 가지 나열해 보라. 또한 호기심을 가지는 것을 장려하는 연속적 학급 활동이나 전시물을 만들어보는 방법도 생각해 보자.

| 신뢰의 중요성을 인지하는가?

학습에서 신뢰의 역할에 대해 학급 전체나 개별 학생과 적극적으로 논의한 적이 있는가? 학생과 교사가 서로 신뢰를 보이고 신뢰를 얻는 예를 생각하고 아이디어를 공유할 수 있는 학급 활동을 만들어보자.

| 학생들의 신뢰를 얻는 방법은 무엇이라 생각하는가?

일단 스스로를 되돌아보자. 학생에게 신뢰성, 일관성, 존중, 끈기 같은 신뢰할 만한 특성을 보여주기보다 설령 가끔이라 할지라도 "나를 믿어."라고 말만 하지는 않았는가? 당신은 권위 있는 사람들이라면 그들이 가진 지위의 결과로 마땅히 존경과 신뢰를 받아야 한다고 믿는가? 그런 상황이 당신의 삶에 어떻게 작용하는지 생각해 보라. 그런 상황에 대해 어떤 기분이 드는가?

| 자폐 학생의 미래를 긍정적으로 바라보는가?

자폐 학생이 어른이 된 모습을 그려보면서 그 아이에게 이상적인 직업을 떠올리고 적어보자. 하지만 우리 사회에는 아이에게 이상적일지 모를 많은 직업이 아직 존재하지 않는다는 점을 기억하자.

| 자폐 학생의 입장이 되어 생각한 적 있는가?

당신이 진실을 말했는데 아무도 믿지 않았던 적이 있다면, 10분 동안 그 경험에 관해서 자세히 글을 써보라.

| 자폐증에 관해 진지하게 생각해 보라

과학 프로젝트를 수행하던 고등학교 3학년 학생이 내게 이렇게 질문한 적이 있다. "자폐증 진단을 받는 아이들이 점점 많아지는 이유가 다음 세대가 살아갈 세상에서 생존하기 위해서는 자연 진화처럼 자폐 성향이 있어야 하기 때문이라고 한다면 그럴듯한가요?" 생각이 깊고 호기심 많은 이 여학생의 말이 참인지 거짓인지는 아직 아무도 판단할 수 없다. 아직 알지 못하는 것을 알아내는 것이 바로 우리가 과학적으로 탐구하는 이유다. 자폐 학생들이 사회적 관계를 맺고 물리적 환경을 경험하는 방식과 자폐증의 사고 구조를 고려하면서 아래 나열한 질문에 대해 생각해 보고 글로 쓰거나 토론해 보라.

· 만일 뇌 기능이 정상이라고 여겨지는 사람들이 자폐적 방식으로 사고하고 기능하는 사람들에게 도움을 받아야 한다면 학급공동체와 학교 공동체는 어떤 경험을 하게 될까?

· 당신이 가르치는 방식은 어떻게 바뀔까?

· 그런 변화 중 어떤 것들이 좋은 변화일까? 그렇게 생각하는 이유 또는 그렇게 생각하지 않는 이유를 설명하라.

· 현재 당신이 맡은 학급이나 학교에서 그런 변화를 실행한다면 어떤

면에서 이로울까?

- 이 질문이 당신에게 상충할 수 있거나 흥분을 일으킬 수 있는 예상치 못한 감정을 불러일으켰는가? 교사로서뿐만 아니라 인간으로서, 공동체 구성원으로서 그리고 자녀를 뒀다면 부모로서 당신은 어떤 기분이 들었는가?
- 만일 당신이 자폐인 교사라면 비자폐인 동료 교사와 이 질문에 대해 마음 편하게 논의할 수 있겠는가?

| 이 책을 읽은 후의 질문들

- 이 책을 읽기 전에 당신은 자폐 학생에게 어떤 기대치를 가지고 있었는가? 이 책을 읽고 기대치가 달라졌는가? 달라졌다면 어떻게 달라졌는가? 기존의 생각이 강화되었는가?
- 이 책을 읽기 전에 자폐증에 관해 일반적으로 어떻게 생각했는가? 이 책이 자폐증에 관한 생각을 달라지게 했는가? 그랬다면 어떻게 달라졌는가?
- 이 책을 동료 교사나 부모에게 소개한다면 어떤 점을 가장 먼저 전하고 싶은가?
- 당신이 이 책을 읽은 덕분에 당신이 맡은 자폐 학생의 삶이 달라질까? 당신의 삶도 달라질까?

이 책의 초판을 쓴 시기는 큰아들 코너의 고등학교 마지막 학기 무렵이었다. 그래서 자연스레 지난 16년 동안 두 아들의 교육을 담당하고 우리와 상호작용했던 수많은 교사와 치료사를 되돌아보는 시간을 가졌다. 한 명씩 나열하다가 100명 이후로는 더 셀 수가 없었다. 그 중에서 3명은 피하고 싶은 사람들이었고, 몇 명은 교육자로서 자질이 의심스러운 사람들이었다. 하지만 대다수를 차지하는 나머지는 매우 훌륭하거나 더할 나위 없이 좋은 사람들이었다. 때로는 불가능에 가까운 상황에서도 그들은 훌륭하게 자신의 임무를 해냈다. 그들의 헌신을 생각하면 저절로 겸허해진다. 나는 절대 그들처럼 할 수 없었을 것이다. 그들 모두에게 경의를 표한다.

그들 중 아주 많은 이들의 생각과 마음이 이 책에 담겨 있다. 이름을 언급한 사람도 있고 언급하지 않은 사람도 있는데, 본인이 익명을 요구한 경우도 있고 비슷한 생각을 지닌 사람과 통합해서 의견을 실은 경우도 있다. 이 책 곳곳에서 아이디어가 빛나는 로네트 라이너스, 아리엘 나넬, 크리스틴 헌트, 재키 드러크, 메리 스컹크, 노라 셜리, 베다 노무라, 줄리언 바커, 크리스틴 벰로즈, 사라 스펠라, 패티 로딩앤더슨과 같은 교사나 치료사를 모든 자폐 학생이 만나게 되기를 진심으로 바란다.

훌륭한 작가이자 자폐인의 대변인인 제니퍼 매킬위 마이어스에게도 감사를 전한다. 그녀는 자폐인의 삶은 물론, 이 시대의 교육제도 속에서 길을 찾는 것이 어떤 일인지 명료하고 강렬한 통찰력을 보여줬다.

퓨쳐 호라이즌스Future Horizons 출판사의 제니퍼 길핀 사장님과 직원들에게도 늘 감사하다. 20년 가까이 매년 세계 곳곳에서 사람들의 삶에 긍정적인 영향을 미치는 일들을 함께할 수 있어서 영광으로 생각한다.

2003년부터 내 담당 편집자였던 베로니카 지스크도 언급하지 않을 수 없다. 지금까지 7권의 책을 함께 작업했으며, 수년 동안 그녀의 손을 거쳤던 칼럼은 단순한 글이 아니라 누구도 필적할 수 없는 노력과 영혼이 담긴 결과물이었다. 이 책의 원래 구상과 비전도 그녀에게서 나왔다. 특히 채찍질이 필요할 때마다 그냥 넘어가 주지 않아서 정말 고맙게 생각한다.

내가 책을 쓸 때마다 지원을 아끼지 않는 나의 버팀목 같은 남편 마크와 엄마로서 스스로 나를 믿도록 자신감을 심어준 큰아들 코노도 정말 고맙다. 하지만 작은아들 브라이스가 없었다면 이 책도 없었을 것이다. 나에게 가장 위대한 교사가 되어준 브라이스가 어디를 향하든 그곳이 내가 갈 곳이다. 그곳이 어디일지 무척 궁금하고 기대된다.

우리 반에 자폐 학생이 있다면

초판 1쇄 인쇄 2024년 7월 25일
초판 1쇄 발행 2024년 8월 12일

지은이 | 엘렌 노트봄
옮긴이 | 허성심
펴낸이 | 심남숙
펴낸곳 | ㈜한문화멀티미디어
등록 | 1990. 11. 28 제21-209호
주소 | 서울시 광진구 능동로43길 3-5 동인빌딩 3층 (04915)
전화 | 영업부 2016-3500 편집부 2016-3507
홈페이지 | http://www.hanmunhwa.com

운영이사 | 이미향
편집 | 강정화 최연실
기획 · 홍보 | 진정근
디자인 · 제작 | 이정희
경영 | 강윤정 조동희
회계 | 김옥희
영업 | 이광우

만든 사람들
책임 편집 | 한지윤   디자인 | 풀밭의 여치blog.naver.com/srladu
인쇄 | 천일문화사

ISBN 978-89-5699-476-5 03370